MONSTRE

Paru au Livre de Poche :

ÇA S'EST FAIT COMME ÇA

INNOCENT

DEPARDIEU

Monstre

LE CHERCHE MIDI

ISBN : 978-2-253-25742-4 – 1re publication LGF

VIVRE

Chaque jour, chaque heure, chaque instant, il faut vivre.

Vivre ce que nous avons à vivre et ne pas nous laisser vivre.

Vivre véritablement, c'est peut-être le seul acte révolutionnaire.

Oser Être.

Et vivre libre.

Chaque jour, plus libre encore.

UN CŒUR QUI BAT

On est tellement abasourdi, sans arrêt, par toutes les choses qui sont contre la vie.

Si on les laisse nous envahir, on se ferme, il ne nous arrive plus rien.

On ne fait plus qu'un avec toutes ces saloperies, on devient chiant pour les autres comme pour soi-même.

Ces jours où l'âme se fait lourde, ces soirs où l'on est fatigué de vivre et effrayé de mourir.

On en oublierait presque qu'on a un cœur qui bat, du sang chaud dans les veines, qu'on est fait pour être et désirer.

C'est dans ces moments-là qu'il faut savoir faire le vide, le propre.

Ne pas se réduire à ses refus, mais au contraire se faire le plus large possible, retrouver cette innocence qui, seule, peut nous donner la grâce.

Cela n'a rien à voir avec la volonté.

La volonté m'emmerde, elle m'enraye.

C'est juste une question de désir.

Ce désir qu'il faut aller chercher au-delà de tout ce qui nous pèse et nous encombre.

Lui seul peut nous ramener à la vie.

UNE PAGE BLANCHE

Il y a un très beau roman de Simenon, *Les Anneaux de Bicêtre*.

L'histoire d'un homme pressé qui, en apparence, a tout réussi. Chaque mois, il déjeune au Grand Véfour avec ses amis, un académicien, un avocat, un médecin renommé. Un jour, il est foudroyé par une hémiplégie. Il se réveille à l'hôpital et là, peut-être pour la première fois, il découvre le silence.

C'est une immense étendue d'eau calme, où la moindre petite pierre fait naître une onde concentrique, progressive, qui vient à peine troubler la surface.

Une paix.

Et sur cette longue plage de silence, il réapprend à vivre.

À devenir disponible.

À lui-même et aux autres.

C'est cet espace intérieur qui a toujours intéressé Simenon.

Cette région silencieuse, au-delà des mots, ce territoire très particulier, paisible, où évolue Maigret, qui lui procure cette écoute profonde et ce regard unique. Qui lui permet de devenir une page blanche où accueillir les mots des autres.

Dans cette société, les bruits et les cris viennent sans cesse barbouiller nos pages de leur merde incessante.

Il n'y a plus de quant-à-soi.

Il est difficile de se mettre en jachère.

On est trop troublés, jamais tranquilles.

On est assommés, sans recours.

L'espoir vient à manquer, les confiances se ferment.

Tout le monde est sur la défensive.

Plus personne ne peut nous parler, encore moins nous murmurer quoi que ce soit.

Une machine infernale nous coupe tout désir, elle nous anesthésie l'âme.

Elle casse tout.

L'innocence devient difficile à tenir.

Et c'est très dangereux, parce que quand il n'y a plus d'innocence, c'est comme si on était déjà mort.

L'enfance, c'est ce qui fait rêver, désirer.

Quand on est enfant, on ne fait que ça.

L'enfance, c'est fragile, ça a besoin d'aide, d'affection, d'appui.

Quand tout hurle et tout brûle autour de nous, elle est la première à s'enfuir.

Et avec elle, toute la beauté poignante des choses fragiles.

ÇA PARLE TROP

Aujourd'hui, c'est l'information qui règne.

Avec toutes ces chaînes en continu, ces nouveaux moyens de communication, les informations débarquent en boucle.

On dirait une armée conquérante dans un roman de science-fiction, venue coloniser nos espaces pour en faire des dépotoirs.

Elle coupe tous les chemins qui pourraient nous ramener à nous-mêmes.

C'est le monde d'Orwell.

L'espace est rempli d'ondes terrifiantes.

Notre lien au cosmos est sans cesse parasité, perturbé.

C'est comme si nous vivions avec une oreillette qui diffuse en permanence mauvaises nouvelles et fausses alertes. *Fake news !*

À longueur de journée, nous sommes bombardés d'injustices devant lesquelles nous sommes impuissants. De peurs qui ne nous appartiennent pas.

On dirait que des particules nocives tombent de l'espace pour nous encrasser d'une saleté qui n'est pas la nôtre.

Le matin, on remplit un verre d'eau pure, on le trimballe toute la journée et, le soir, même si l'on n'a rien fait de mal, l'eau dans le verre est dégueulasse.

On parle du harcèlement sexuel, mais tout est devenu harcèlement – le politique, les médias, la société, cette information lancinante.

Ça parle trop.

Trop de mots pour être honnête.

C'est vraiment la persécution. Pour ne pas dire l'occupation.

On est comme des bœufs devant ce train qui passe et repasse.

Muets, muets de stupeur.

Non seulement nous n'avons plus aucune réponse, mais il devient même de plus en plus difficile de trouver des questions.

À force de recevoir sans cesse ces coups venus d'ailleurs, la santé mentale est atteinte, on finirait presque par se résumer à la merde que l'on fait le matin.

Je sens bien que les gens sont cassés, violés par tout ça, leur cerveau est de moins en moins oxygéné. Face à cette agression permanente, ils se renferment, s'éloignent de la vie.

Ils ne sont plus disponibles pour rien.

Le seul temps qui leur reste est celui de l'information. C'est elle qui impose le rythme.

Avec ces médias qui pointent ce qui ne marche pas, qui favorisent tout ce qui chez nous est contre, comment être encore généreux ?

Comment se raccrocher à l'idée d'un homme meilleur ?

Comment se distinguer de cette saleté sans pour autant se fermer, sans pour autant se distancier de la vie ?

Le chariot est déjà lourd à tirer avec ce que l'on traîne en soi, mais quand devant soi il n'y a plus de place pour rien, plus d'élan ni d'enthousiasme possibles, il devient impossible de s'élever.

C'est partout la confusion des batailles, des idées, des guerres.

Si encore, derrière cet enfer, il y avait un vrai monstre, un génie du mal, cruel, quelque chose de concret, quelqu'un, mais même pas.

Ce n'est que de l'ignorance.

Des habitudes acquises.

Une absence de pensée.

Une connerie, dont on ne peut même pas rire, parce qu'elle n'a aucun humour.

LE SECRET

Je pense souvent à Cyrano.

Quand on lui demande pourquoi il hait Montfleury, le vieil acteur, il répond :

« Jeune oison,
J'ai deux raisons, dont chaque est suffisante seule.
Primo : c'est un acteur déplorable qui gueule,
Et qui soulève avec des han ! de porteur d'eau,
Le vers qu'il faut laisser s'envoler ! – Secundo :
Est mon secret… »

C'est une belle chose que le secret.

Une belle chose de plus en plus difficile à tenir.

Tout est dit, tout se sait.

Il n'y a plus beaucoup d'ombre.

Les gens ont de moins en moins de secrets.

Eux-mêmes se chargent maintenant de tout mettre en lumière sur leurs pages Facebook, sur les réseaux sociaux.

Toute cette technologie est sans doute très intéressante, même si pour l'instant elle favorise plutôt tout ce qui nous empêche d'être.

Peut-être va-t-elle nous permettre, un jour, une autre forme d'existence.

C'est une nouvelle civilisation qui est en train de naître.

Nous en sommes aux premiers temps.

Quelque part entre les jeux du cirque et l'Inquisition.

LES SILENCES

Moi qui n'ai pas toujours eu les mots, je sais ce qu'on gagne avec eux.

Mais aussi ce qu'on perd.

Souvent, ils compliquent les choses.

Et ce qui débrouille la vie est davantage dans ce qu'on est sans eux que dans ce qu'on essaie d'expliquer, de commenter ou de justifier.

Il faut ressentir ce silence d'avant les mots, lui laisser le temps d'éclore, l'apprivoiser.

Moi, j'ai appris en même temps les mots et le silence.

Quand j'ai fait la connaissance de Jean-Laurent Cochet, je ne parlais pas, je beuglais. Il m'a d'abord fait lire *Caligula*, de Camus. Un océan de mystère pour l'ignare que j'étais. Puis il m'a dit : « Tu vas travailler Pyrrhus. » Je n'avais aucune idée de ce qu'il me voulait, je ne savais même pas que c'était un prénom, Pyrrhus, je connaissais des Mimile, des Pierre, des Maurice, mais pas de Pyrrhus. Si je ne comprenais rien aux phrases, j'ai quand même ressenti que ce Pyrrhus n'était pas un mec heureux. Alors je l'ai joué fermé, sans desserrer les dents, comme j'aurais lâché : « Attention à ta gueule ! » Ça a marché, il y avait une certaine justesse, qui allait au-delà de ces mots que je comprenais mal.

C'est Claude Régy qui ensuite m'a enseigné à vivre ces silences où les mots prennent leurs racines.

C'est toujours terrifiant de rester seul en scène devant un public sans rien dire.

En s'efforçant *d'être*, tout simplement.

C'est pour ça que les acteurs au théâtre attaquent souvent trop vite, trop fort.

Ils sont chargés de mots, ils ont hâte de s'en libérer, d'exister enfin.

Comme s'ils ne pouvaient pas exister dans le silence.

Régy m'a appris à prendre mon temps, à jouer avec l'attente, à sentir le silence, jusqu'au moment où les mots ne peuvent plus faire autrement que de sortir.

Il s'agit finalement moins de les dire que de savoir les retenir.

Leur laisser le temps de prendre tout leur poids.

Les silences de Marguerite Duras étaient fascinants.

Quand on lui parlait, tout était dans le temps qu'elle mettait à répondre.

Tous les deux, nous avons eu de très beaux silences.

Aujourd'hui encore, sa maison de Neauphle-le-Château en est pleine.

CE N'EST PAS UNE IDÉE, C'EST DU VÉCU

Quand j'ai joué Danton, j'ai été guillotiné le premier jour du tournage.

Plus de tête, je ne pouvais plus penser, je n'avais plus qu'à être.

C'était l'idéal.

Et très intelligent de la part de Wajda.

Couper d'emblée la tête de l'acteur, c'est parfait.

Plus d'idées sur rien. Plus la peine de penser.

On a tout à y gagner.

Quand on éprouve une certaine joie de vivre, par exemple, si on commence à penser que l'on est heureux, pire, à se demander pourquoi on est heureux ou pourquoi on n'est pas malheureux, on est déjà moins disponible à cette joie de vivre. On en perd l'essentiel.

Elle finit ensevelie sous les mots.

Une joie de vivre, ça s'éprouve au présent, et c'est tout.

C'est la même chose pour les sensations qui viennent lorsqu'on regarde un tableau ou que l'on écoute une musique. Ce n'est pas quelque chose qui s'explique, c'est quelque chose qui se vit, qui imprègne nos sentiments et notre âme, que l'on garde ensuite en nous et qui peut revenir à tout moment.

Ce n'est pas une idée, c'est du vécu.

C'est ce qui m'emmerde chez les intellectuels, chez eux la référence l'emporte toujours sur le vécu, l'explication sur le désir.

Ils préfèrent raisonner que ressentir.

C'est la marque de fabrique des artificiels.

Ils ont envie d'être, mais ils n'impliquent jamais leur être.

Ils ne laissent jamais vivre leur chair, ils ne bandent que dans leur crâne.

Ils ne peuvent pas se surprendre, ils se regardent trop.

Dans l'alphabet de la création, le désir et la vie viennent avant l'idée.

Et après l'idée, vient l'ordre.

Les intellectuels ne sont jamais dans cette vie première d'où l'idée peut jaillir, mais toujours entre l'idée et l'idéologie.

Ils dérobent ce que les autres ont vécu dans leur chair, leurs crimes ou leurs agonies qu'ils exploitent sans vergogne. Ils en font une histoire qui leur sert, mais qu'ils n'ont jamais éprouvée.

Ce n'est pas à l'école qu'on apprend quoi que ce soit, c'est avec son corps.

En regardant, en respirant, en ressentant.

Ce n'est pas avec le savoir que les peurs s'évanouissent, c'est avec la vie.

Moi, j'ai eu la chance d'être chassé très tôt de l'école.

Je n'ai aucune culture, dans le sens où on l'entend habituellement.

La culture, c'est une certaine méthode d'enregistrement, et je n'ai pas de méthode.

Je suis bien plus à l'aise quand je ne sais pas trop les choses.

Je ne les explique pas, elles viennent toutes seules, sans barrières, sans aucune arrière-pensée.

Quand j'ai envie de faire quelque chose, je le fais, sans référence aucune.

Tout me vient en vrac.

C'est comme quand on jette le raisin dans la cuve. Un beau jour, ça bouillonne. Ou pas. Ça prend ou ça ne prend pas. Il y a de bonnes et de mauvaises années. Il existe des tas de trucs artificiels pour faire du vin. Moi, je vinifie classique. Disons que je fais confiance à la nature. Elle a toujours raison quand on ne la contrarie pas.

Ça sort comme ça sort.

Je n'ai aucune précaution.

C'est un risque ? Ça ne fait rien !

Tant mieux, même.

D’UNE BRANCHE À L’AUTRE

Il faut s’y faire, nous vivons maintenant dans un temps différent.

Nos pensées s’éloignent de la mémoire, elles vont de plus en plus vite, elles ont du mal à se poser.

Elles sont comme des oiseaux qui vont sans cesse d’une branche à l’autre.

On est moins imprégnés de l’histoire du monde, on vit nos émotions en temps réel.

Même la réalité devient une anecdote encombrante.

Bien sûr, des histoires, on nous en raconte tous les jours, à la télé, dans ces journaux que l’on lit de moins en moins, partout.

Mais ce n’est pas celles qui m’intéressent.

On y voit trop rarement la vérité humaine qui se cache derrière.

Ce ne sont que des points de vue.

Il y a toujours un roman de l’histoire, quelqu’un qui nous montre les choses à sa façon.

Quand Hitler se faisait filmer, c’était toujours à son avantage.

Chaque fois qu’on lit une chose, on peut toujours en lire une autre qui vient la contredire ensuite.

Qui croire là-dedans ?

C'est à chacun de se démerder avec ce qu'on lui montre ou pas.

C'est toujours l'homme qui fait l'histoire et moi, je n'ai pas confiance en l'homme.

La seule confiance que l'on peut faire, c'est à un trait chez Picasso, un coup de pinceau chez Van Gogh, quelques notes chez Mozart, parce que là, il n'y a pas de mensonge possible.

C'est d'une honnêteté terrible.

Quand tout devient mensonge, la seule vérité que l'on peut encore sinon trouver, du moins chercher, c'est notre vérité intime.

La seule qui subsiste.

Celle qui vit dans nos silences.

Le seul endroit où l'on peut trouver la paix.

LE DÉDÉ

Mon père, le Dédé, il n'avait jamais vu la mer, mais il suffisait qu'il se mette une casquette de marin sur la tête pour qu'il en rêve, de la mer.

Il partait pêcher dans une rivière toute pourrie, toute polluée, mais il ne la voyait pas.

Il se croyait sur la mer.

C'était la casquette qui menait le combat.

Il s'imaginait sur un bateau de pêcheur à Terre-Neuve, en train de chercher la morue sur une mer démontée.

Il ne prenait jamais de poisson, mais il s'en foutait.

C'était un primitif, d'une grande force. Un solide.

Il n'essayait pas d'analyser ses rêves. Il n'en avait rien à foutre.

Derrière sa canne à pêche, il les exorcisait tout seul, ses rêves, le Dédé.

En silence.

LES PAROLES D'UNE LANGUE INCONNUE

Ce qui peut se passer entre deux personnes n'a rien à voir avec les mots.

Lorsque je suis à l'étranger devant quelqu'un dont je ne parle pas la langue, les mots ne comptent plus.

Il n'y a plus que des regards, des vibrations, des choses qui ne peuvent pas mentir.

C'est toujours par là que j'aborde les êtres, même ceux dont je parle la langue, par ce qui émane d'eux, jamais par les mots.

C'est toujours plus franc et plus honnête.

Quand je joue dans une langue étrangère, je me fous de ne pas comprendre le texte de mon personnage.

La façon dont bat son cœur est bien plus essentielle que ses mots ou ses idées.

Je joue souvent avec une oreillette, ce qui fait parfois s'émouvoir les cons. Mais l'oreillette ne te donne que la partition, pas la note. Après, tout est une question de respiration, de rythme, de vibration.

La ponctuation m'importe plus que les mots.

Je joue davantage comme un musicien que comme un acteur.

Peut-être est-ce parce que quand j'ai commencé, les mots je ne les comprenais pas. Je les chantais comme les paroles d'une langue inconnue.

Et c'est toujours le cas.

Quand je lis Cyrano, je ressens la musique bien avant les mots.

Sur *I Want to Go Home*, d'Alain Resnais, on tournait en anglais, je ne comprenais pas un mot de ce que je disais, je me contentais d'interpréter la situation, au présent. Tout se passait bien jusqu'au jour où Resnais m'a traduit quelques phrases de dialogues et m'a expliqué le sens de mes paroles. Là, c'était fini, j'étais incapable de jouer, d'être juste, j'étais paralysé par ce que j'avais à dire. On a dû refaire la scène des dizaines de fois.

Quand j'ai lu saint Augustin avec André Mandouze, devant des milliers de personnes, à Paris, Rome ou Bologne, j'ai vu chaque fois combien cette parole résonnait dans les regards et les cœurs.

C'était comme une douche d'eau pure.

Plus encore que le texte, souvent ardu, les spectateurs avaient besoin de ressentir ses vibrations, elles les touchaient dans leur âme.

Au-delà des mots, ils étaient dans un état de prière avec eux-mêmes.

Saint Augustin s'adressait à toutes ces choses silencieuses qui vivent en nous et auxquelles il devient de plus en plus difficile d'accéder.

Il suscitait le genre d'émotion qui peut survenir à la veillée, au coin du feu, mais qui passe rarement à travers l'écran de toutes ces machines qui ne sont pas faites pour la chair de poule.

C'était pour moi comme lire une histoire à un enfant qui s'endort, que notre voix emmène dans son propre monde, là où l'imagination peut travailler. Loin des écrans.

C'est cette même sensation que j'ai connue dans les concerts de Barbara.

Et c'est la raison pour laquelle les gens l'aimaient tant.

Sur *Lily Passion*, nous avons vécu ensemble, les spectateurs, elle et moi, des instants d'une intensité incroyable.

Une grâce.

Cette grâce que je retrouve quand je chante ses paroles, ou plutôt quand elle chante à travers moi, puisque c'est ma liberté de l'aimer et de lui ressembler.

Ma littérature d'enfant, c'étaient des romans-photos, ces histoires toutes simples où il s'agit juste à la fin d'arriver à dire « Je t'aime » à quelqu'un. Sur *Lily Passion*, je l'avais, mon roman-photo, qui vivait devant moi, dans toute sa magnifique simplicité.

C'est ce que disait François Truffaut dans *La Femme d'à côté*, par la voix de Fanny Ardant : « J'écoute les chansons parce qu'elles disent la vérité. Plus elles sont bêtes, plus elles sont vraies. D'ailleurs, elles ne sont pas bêtes. Qu'est-ce qu'elles disent : "Ne me quitte pas !", "Ton absence a brisé ma vie" ou "Je suis une maison vide sans toi". Les chansons disent la vérité sur les sentiments, sur l'amour, elles expriment des choses essentielles avec des mots simples. C'est pourquoi elles me touchent tant. »

Une chanson peut être comme une prière.

Toutes les choses que l'on a vécues ou pas vécues, que l'on garde en soi, que d'habitude on retient, ces mémoires indicibles trouvent soudain un passage, une façon de se soulager.

Elles peuvent exister.

Et cela ne part jamais de la tête mais toujours du cœur et du corps.

De l'émotion.

Il s'y joue quelque chose de très physique, de très rythmique, qui peut évoquer certains rites tribaux, ou cette gestuelle extraordinaire des juifs contre le Mur des lamentations.

Encore faut-il savoir mettre suffisamment d'intensité dans une chanson, comme le faisait Barbara, pour que ce courant puisse passer.

Cette intensité, c'était sa vie, avec sa pudeur, son humour et sa distinction.

Toute cette énergie et cette fragilité qu'elle déployait sur scène, c'était vraiment pour les gens qui venaient la voir, pour arriver à cette vérité essentielle qui les touchait dans leur solitude intime.

Cette énergie, elle n'aurait jamais pu la trouver pour que les gens la rencontrent, elle, c'était vraiment pour qu'ils se rencontrent, eux.

C'était un don.

Un don de soi, pour commencer.

Il n'y a pas beaucoup d'artistes qui sont capables de ça.

Aujourd'hui, il nous reste Christophe, qui ne vit pas dans le monde du show-biz, mais dans son monde à lui, et qui a su rester intact.

Le plus souvent, ce qui dérange une chanson, ce sont les chanteurs.

Le public sentait bien que Barbara n'était pas une simple chanteuse, mais quelqu'un avec une humanité plus forte que tout, qui mettait sa vie en jeu dans chacune de ses chansons.

C'est ce qui fait toute la différence.

La chanson n'était pas son métier.

C'était sa nécessité.

JE NE VAIS PAS ALLER CHERCHER LE CLIENT

Ce qui me dérange le plus chez certains artistes, acteurs, chanteurs ou politiques, c'est leur calcul permanent.

On se mutile tellement en calculant sans cesse que c'est comme si on était déjà à moitié mort.

J'ai l'impression que ceux qui font tout en fonction de leur effet, de leur image, sont pétrifiés sur un socle, avec un numéro dans le dos.

Ils prennent soin de toujours briller et finissent par ne plus faire les choses que pour se montrer.

C'est un piège. Cela nécessite d'être tout le temps vigilant et moi, je n'ai surtout pas envie de cette vigilance.

Les acteurs que j'aime n'ont jamais été ces petits comptables de leur image, de leur fonds de commerce.

C'étaient tous des monstres, avec leur fantaisie, leur débauche, leur démesure.

Brando pouvait jouer n'importe quel rôle, c'était toujours une histoire de monstre. Michel Simon était un portrait vivant de sa propre angoisse, de son humanité débordante.

Ces gens ne contrôlaient rien, surtout pas leurs émotions, et encore moins leur image.

Ils étaient comme des enfants, leur vécu transparaissait tout de suite.

Ils ressemblaient à des tableaux de Bacon, qui sont des états d'âme, jamais lisses mais lyriques, poétiques, débordants.

Le problème, quand tu as une image, c'est qu'elle t'abrutit.

Tu t'abrutis sur ta chose, sur ton être. Il n'y a plus que lui qui compte.

Tu perds toute ta fraîcheur.

Tu es là à te débattre, les ailes repliées... Il vaut mieux être.

Bien sûr, il m'est arrivé de porter des bagages qui n'étaient pas les miens, qu'on me faisait porter sans même que je m'en aperçoive : ce qu'on disait de moi, ce qu'on pensait de moi, ce qu'on écrivait sur moi. Je portais ça comme Jean Valjean portait les chandeliers. Je n'ai pas trouvé de curé qui me comprenne, mais ça ne m'a pas empêché de foutre tout ça en l'air.

Aujourd'hui, la célébrité, mon image, tout ça ne m'intéresse plus.

Je me fous de ce qu'on pense de moi, je suis comme je suis : c'est à prendre ou à laisser.

La moitié des gens me détestent, et c'est très bien comme ça. C'est bon signe.

Je ne vais pas commencer aujourd'hui à me préoccuper de mon nombre de contacts sur les réseaux sociaux, comme tous ces gens que l'on ne connaît pas mais qui sont très connus. « T'as combien d'amis ? J'en ai un million cinq ! » Avec ça, ils peuvent se comporter comme s'ils étaient beaux, comme s'ils avaient du talent, comme s'ils étaient intelligents.

Mais ça reste de la comptabilité et rien d'autre.

Le vrai luxe, la vraie liberté, c'est de ne pas dépendre d'un con qui va te faire subir sa peur, sa frustration et son inertie.

Ni d'une foule ni d'une masse.

La foule est bête, la masse est con.

Moi, au-delà de cinq personnes, ça fait trop de bruit, je me terre. Ou je me tire.

Je ne dépends de rien ni de personne.

Je préfère vivre à mon gré et selon ce qui se présente que dans la peur de perdre une place.

Il n'y a pas de place à prendre de toute façon, il n'y a que des chemins à suivre.

Des voyages que l'on fait grâce à des regards différents.

Je ne vais pas aller chercher le client.

Je n'ai pas à plaire.

À personne.

C'est ma liberté.

Je ne fais rien pour paraître gentil et sympathique.

Je vis, tout simplement.

Et je ne calcule rien.

Je ne vais pas me mettre à faire des bonnes actions parce que ce serait bon pour mon image. Je déteste les bonnes actions.

Les gens peuvent être déçus par moi, me perdre, me retrouver, accepter ou non ma diversité, je refuse de me mutiler.

Chacun de nous est un monde et je ne veux pas laisser dans l'ombre une moitié de mon monde.

Je préfère vivre ma lumière et mon obscurité.

C'est ça mon équilibre.

CE QUI NOUS ÉCHAPPE

Le talent, c'est un rendez-vous avec le mystère.

Et ce mystère, j'ai du mal à le ressentir aujourd'hui.

Tout semble trop contrôlé, partout.

Ce que j'aime, moi, c'est ce qui nous échappe.

Les maladresses, par exemple, qui sont de la générosité et qui peuvent devenir de la grâce.

Elles me touchent davantage que l'assurance ou la technique.

Ce qui m'émeut dans un film, c'est une caméra qui traîne, une scène qui flotte un peu, un plan qui dure, un flou, un moment où l'être passe avant le programme.

La maîtrise me gêne.

Je préfère la poésie, le déséquilibre.

Ce que j'aime chez les vignerons, c'est qu'il y a peu de paroles. Il y a surtout des actes et puis beaucoup d'incertitudes, qui rejoignent les grands points d'interrogation de la nature.

Ils savent regarder la terre et attendre d'elle quelque chose de très mystérieux.

Bien sûr, il y en a aussi qui essaient par tous les moyens de chasser ce mystère, de le contrôler, d'appliquer une recette.

À la fin, ceux-là font des vins qui se ressemblent tous : ils ne ressemblent à rien.

Des produits.

Sans identité.

Uniformes.

Avec le mystère, il n'y a pas de réunion le lundi matin, pas de briefing, pas de programme.

L'imprévisible est plus important que la chimie.

La vie suffit.

PLUS D'INDIENS

On formate à longueur de temps.

Moi qui n'ai jamais été formaté, qui ne suis jamais allé à l'école, je le sens bien.

Avec cette mondialisation qui nous taraude, on ne veut plus d'Indiens.

On veut de la norme, des calibres, des modèles.

Et quand on épouse tous la même norme, on finit par être tous les mêmes.

Tout le monde va voir les mêmes films, achète les mêmes livres. Tout le monde mange la même chose, et tout est fait pour ça.

Où que j'aille en Europe maintenant, il y a partout les mêmes boutiques, les mêmes marques, les mêmes mecs devant leurs écrans qui te vendent la même chose.

Ces gens de la communication essaient de faire de nous un troupeau sans âme.

Ils nous forcent à singer un modèle, à en épouser les tics.

Ils ne veulent que plaire, ce qui, moi, me déplaît profondément.

Ce sont les premiers à nous parler du droit à la différence, mais la différence, ce n'est pas un droit, c'est un devoir.

Un devoir qu'ils nous empêchent d'accomplir.

Tu veux aller à la rencontre de qui, si on est tous les mêmes ?

Si on est tous les mêmes, il n'y a plus d'autre.

Or, l'autre, c'est toute la richesse.

Il n'y a pas plus beau que la différence, on ne se nourrit que de différences.

Et dans cette société, on la chasse de partout.

Jusque dans cette nouvelle langue, où l'on oublie le vocabulaire, la nuance, où, à force de respirer au rythme de Twitter, de Facebook, on est de plus en plus brefs, hachés, définitifs.

On doit être pour ou contre et il n'existe plus rien entre les deux.

Le mépris gagne sur la compréhension.

J'aimais la richesse des accents, des patois, de ces dialectes qu'avaient inventés les paysans, ce langage si particulier, si distingué, intimement lié à leur environnement, à l'air qu'ils respiraient.

C'était le chant de leur terre, cette terre qu'aujourd'hui ils ne peuvent même plus regarder, parce qu'ils en ont honte.

C'est comme les mots, l'essentiel est parti avec cette espèce de mondialisation qui calibre tout, où on ne peut même plus faire notre propre graine.

On veut du sous vide, du sans odeur, on nous vide de notre être et de nos raisons d'être.

On dirait qu'on veut nous enlever tous nos organes.

On nous donne à bouffer de la merde, plus rien n'est vrai, tout est faux, même l'information, on le sait, on le subit.

Comment s'élever contre ça ?

Ou plutôt, comment s'élever *avec* ça ?

Si l'on commence à s'élever contre ça, le danger, c'est de donner raison aux fous, aux Le Pen, à ceux qui veulent nous emmener vers une autre folie, tout aussi politique, tout aussi meurtrière. Une idéologie.

Qui nous empêche tout autant de nous élever.

UNDERCOVER

La politique me coupe la parole.

Jamais je n'aurais pu suivre une idéologie.

Le pouvoir est quelque chose d'inhumain.

Il exige de vous des comportements inhumains.

Je n'aime pas les hommes politiques.

Ils ont tellement soif de pouvoir qu'ils n'ont plus aucune séduction.

Pour moi, ils sont comme les sénateurs chez Jules César.

Rien n'a changé.

Il n'y a pas eu un jour de paix dans le monde depuis que l'homme est sur la terre, pas un jour de paix, il y a toujours eu des guerres quelque part.

Prends le Moyen-Orient.

Il suffit que trois cons juifs et trois cons palestiniens se trouvent face à face pour emmerder toute une population et mettre une région à feu et à sang.

Les politiques le savent très bien.

Ils pourraient simplement se débarrasser de leurs cons mais non, trop d'intérêts en jeu.

L'acte politique est perverti dès le départ.

C'est l'hypocrisie absolue.

Arrangements, mensonges, corruptions, c'est truqué jusqu'à l'obscène.

Je viens de voir une série bulgare sur Netflix, *Undercover*. L'histoire du crime organisé à Sofia, les relations entre la mafia, les politiques, les patrons, la société d'aujourd'hui. Les trafics, les petites combines, la désinformation.

Pour savoir ce qui se passe réellement dans le monde, c'est plus parlant que le journal de 20 heures. C'est souvent assez lourd, les personnages sont un peu des caricatures, ce n'est pas très bien joué, et c'est justement pour ça que la représentation est fidèle.

On en est là.

C'est ce qu'on vit tous les jours.

Une série B de la télé bulgare est devenue la meilleure illustration de notre réalité.

Undercover.

Sous la couverture.

Ce monde est en train de devenir une série B où, malheureusement, on tire souvent à balles réelles.

Il y a quelques années, le cinéma pouvait encore un peu montrer ces vérités. J'ai revu il n'y a pas longtemps *Le Parrain III* de Coppola, cet Américain qui se prend pour un Italien. Il y a là de très belles choses sur les collusions entre la politique, l'argent, le pouvoir, toutes ces magouilles autour de la banque du Vatican. Pacino y est sublime, en particulier dans la scène où il confesse à un cardinal, joué par Raf Vallone, toute la douleur de son âme.

Avec ce qui se passe aujourd'hui, c'est presque trop grandiose.

On n'est même plus dans ce monde-là.

On est dans celui de ma série B bulgare.

La réalité du pouvoir est devenue une caricature.

Undercover montre bien le côté vicelard de l'affaire. Il y a d'abord les chefs, ceux qui sont difficiles à coincer, qui ne sont pas forcément dans la politique, qui ne se montrent pas, mais qui possèdent les entreprises, les journaux, les clubs de foot. Tout de suite derrière, il y a les guerriers de la propagande, la presse, ceux qui lancent les rumeurs, les infos, pour déstabiliser les têtes, qui traduisent les mouvements des pièces sur l'échiquier.

Quand je vois comment se comportent tous ces grands patrons, les politiques sont presque des agneaux à côté.

Eux sont de vrais tueurs, souvent de vraies ordures.

Pour être là où ils en sont, il faut supporter d'avoir du sang sur les mains.

Derrière la vitrine honorable, c'est vraiment *Undercover*.

Ils se servent sans scrupule.

J'en ai rencontré quelques-uns, je sais de quoi je parle, on m'a même quelques fois demandé d'intervenir auprès de ces gens-là, que ce soit en France ou à l'étranger, chaque fois je dis non, parce que je sais comment ça se passe, il faut payer, payer, payer sans cesse pour faire quoi que ce soit dans leur rayon d'action.

Franchement, je préfère fréquenter les gens dans les campagnes, la piétaille.

Celui qui vit dans les steppes, qu'est-ce que tu veux qu'il corrompe ?

L'oiseau qui lui chie dessus ?

LES IDÉES DES AUTRES

J'aime ceux qui sont dans les marges.

Pas forcément parce qu'ils sont dans les marges, mais surtout parce que ceux qui les y ont mis sont des cons.

Il n'y a rien de pire que les gens qui te montrent ce qu'est le bien, ce qu'est le mal. Ceux qui prétendent savoir.

Ceux qui ont des certitudes.

Tous ces redresseurs de torts, ces chemises blanches et ces lunettes qui pensent, ces gens qui donnent des leçons, qui jugent et punissent.

Semblables à ceux qui, en 1942, passaient leurs journées derrière leurs persiennes, à chercher ceux qu'ils pourraient bien dénoncer.

Ces chevaliers blancs qui veulent à tout prix nous imposer des idées qui ne sont bien souvent que des boursouflures de leur vanité. Ils sont, bien sûr, toujours les premiers à retourner leur chemise, aussi sale d'un côté que de l'autre.

Ceux qui y croient vraiment sont peut-être pires encore.

Ceux-là nous bassinent avec leur moralisation, alors qu'on est tous, dans le fond, des voleurs sans morale. Eux les premiers.

On devient vite con avec les idées des autres.

Je me suis toujours méfié de ceux qui veulent faire mon bien.

On ne peut pas faire le bien de quelqu'un malgré lui.

Ça ne fait souvent qu'aggraver la situation, parce qu'on cherche à lui imposer un contraire. Et il prend vite la direction opposée, parce que c'est insupportable d'être contraire à soi-même.

C'est seul, et au moment où on l'a décidé, que l'on peut remonter ses pentes.

Ce n'est certainement pas en se référant au jugement des donneurs de leçons, en culpabilisant, non, c'est en acceptant.

En acceptant certaines choses qui sont en nous, qui font partie de notre nature, et avec lesquelles il faut bien se démerder.

Nous avons tous le mal en nous, sans quoi nous ne pourrions reconnaître le bien en nous, et aller vers lui.

Si l'on refuse cela, si l'on commence à se dire que le bien, c'est moi, et le mal, c'est l'autre, c'est que la connerie est déjà là.

J'ai toujours aimé les rôles qui ne sont pas forcément aimables et j'ai toujours trouvé des raisons au pire des salauds.

C'est une chose qui m'a toujours intéressé, la saloperie, le mal.

Cela dépend tellement de ce qu'on vit, de ce qu'on est.

Il y a toujours un aspect du mal qui est comme le bon cholestérol.

Beaucoup de gens ont trouvé la voie du bien après avoir commis un acte monstrueux.

C'est ce qu'on appelle la rédemption.

Il ne s'agit pas de se dire : « Mon Dieu, ce que j'ai fait est mal ! », non, ça c'est de la morale, de la connerie, encore une fois, c'est un peu comme les gens qui confondent peinture et décor. La rédemption, c'est entre soi et soi, jamais entre soi et le jugement des autres.

Il y en a aussi qui, à l'inverse, vont vers le mal au nom du bien.

L'abbé Donissan, par exemple, dans *Sous le soleil de Satan*, qui se défonce à Dieu comme d'autres se défoncent au vin rouge, avec une vision du bien complètement absolue, folle et monstrueuse.

Comme beaucoup de personnages de la littérature russe, il marche entre sainteté et folie.

Staline aussi voulait faire le bien.

Ainsi, le bien peut être terrifiant comme le mal peut être rédempteur.

C'est la raison pour laquelle je ne pourrai jamais juger personne.

Moi, je laisse les gens s'occuper d'eux-mêmes.

S'ils en crèvent, ça s'appelle la liberté.

Chacun en fait ce qu'il veut.

ON CACHE DES CHOSES

Je n'aime pas ce bien-pensant vers lequel on avance.

Partout, on entend que le bien, c'est nous et que le mal, c'est l'autre.

Avant, c'était Castro, aujourd'hui c'est Poutine, tout ce qui n'est pas aseptisé.

L'Occident, non, le mal, connais pas.

Nous, on est conviviaux.

Comme c'est triste.

Et comme c'est dangereux.

Il devient de plus en plus compromettant d'être soi-même, de ne pas être comme tout le monde.

Alors on cherche à se faire passer pour quelqu'un qu'on n'est pas, celui que la politique, les médias, les réseaux sociaux veulent faire de nous.

On essaie de penser comme il faut penser, de se montrer comme on doit se montrer.

On devient tous un peu schizo, on simule.

On finit enfermés dans une espèce de bulle, qui n'est pas notre réalité intime, dépossédés de nous-mêmes, à côté de nos pompes, vaguement abrutis.

Beaucoup de gens mènent une double vie, une vie parallèle, un peu comme Martin Guerre, sauf que lui choisissait pour qui il voulait se faire passer. Ce n'était pas la société ni le politiquement correct qui lui dictaient son comportement.

Il y a beaucoup de faits divers nouveaux à cause de ça, comme cette affaire Romand, qui en disent long sur cette folie, sur la désespérance de la vie et de la politique.

Avec ce catéchisme bien-pensant, on est tous un peu comme ces juifs portugais, convertis de force au catholicisme et qui continuaient à pratiquer leur rituel de façon clandestine.

On cache des choses.

On ne veut pas choquer, ni sa famille, ni les médias, ni l'opinion.

Pourtant, quand on joue un personnage, il y a toujours un moment où il faut revenir à la réalité, sinon c'est elle qui nous rattrape.

Et souvent de façon violente.

Plus on masque notre propre saloperie, plus elle risque de nous revenir en pleine gueule.

Dieu sait si c'est laid ce qu'on peut avoir dans la chair – et personne n'est à l'abri de ça –, mais si on masque cette laideur, elle finit par nous submerger.

Il faut être attentif à ses défauts.

Ils disent toujours quelque chose de nous qui, sans eux, n'aurait pas droit à la parole.

Et c'est une qualité de les laisser s'exprimer.

Il ne faut jamais essayer de cacher sa différence, sa poésie, sa monstruosité.

Nos mauvais côtés, nos errances, notre déraisonnable, ce que les autres ne veulent pas voir de nous, c'est aussi ce qui fait que nous sommes humains.

Aujourd'hui, la monstruosité, on l'exile de l'humain, on ne veut plus la voir, nulle part.

Comment peut-on s'arranger de notre côté monstrueux si on le nie ?

Si on nie nos possibilités les pires ?

On ne peut pas approcher le bien en soi si on n'approche pas le mal en soi.

Mais pour ça, il faut être honnête, honnête avec soi, et ce n'est pas facile.

Nous sommes tous malhonnêtes de temps en temps.

Il faut descendre bien au fond de soi-même pour ne pas trouver d'hypocrisie.

Il n'y a que les hommes politiques qui passent leur temps à dire qu'ils sont honnêtes. Ce qui prouve bien qu'ils ne le sont pas.

Se montrer tel que l'on est n'est jamais pornographique.

C'est tricher avec soi et avec les autres qui est pornographique.

Finalement, plus nos apparences sont lisses, plus on est monstrueux.

Et les vrais monstres sont bien plus souvent ces gens qui se soumettent à la bien-pensance, tout en essayant de cacher leur odeur dégueulasse de mauvais sentiments jamais purgés.

Les monstres ordinaires.

MONSTRES

J'aime les gens capables d'errances. Ils sont humains et je ne les juge pas.

Mais je me méfie des gens qui ne font jamais d'excès, qui ne sont jamais sauvages un temps.

Je trouve ça suspect.

Suspect parce que humainement douteux.

À moins de se rater soi-même, de passer à côté de l'essentiel, il n'est pas possible d'aller toujours dans le même sens, de suivre sa même petite ligne respectable.

On finit par n'être plus que des copies de copies, des singes de nous-mêmes.

Sans excès, on est souvent mort sans le savoir.

L'excès, c'est troubler, se mettre un peu hors la loi.

Il y en a beaucoup chez qui cet excès existe, mais il est complètement introverti, mêlé à de la peur.

Ils sont comme des volcans enfouis dans la glace.

Il faut pourtant être abondant, excessif, quitte à parfois se tromper.

Se laisser aller à nos imprudences.

J'aime cette violence de l'excès qui est souvent positive, qui nous lave de nos saloperies, qui engendre l'énergie. Autant que je hais la violence quotidienne, rentrée, anecdotique, mesquine.

Cette espèce de sauvagerie, c'est ce qui est beau quand on vit à fond un amour, des aventures, des troubles de l'âme.

On se met en danger, on se confronte à tout ce qui, en nous, nous fait peur.

Quand on essaie de maîtriser, c'est mort tout de suite, ça vieillit d'un coup et la flamme s'éteint.

Il est compliqué de trouver sa vérité, ou au moins une vérité qui nous ressemble. La seule façon honnête d'y arriver, c'est d'ouvrir grand les vannes.

Laisser sortir ces choses qui sont en nous et qu'on ne peut pas contrôler.

Moi, ça m'émeut toujours les gens qui osent montrer leurs peurs, leurs fragilités, leur ridicule.

Quand on s'allonge le soir, qu'on est fatigué, en perte de cellules, cette liberté peut être angoissante.

Il faut une grande santé et un grand cœur pour pouvoir l'assumer.

Et du courage, un courage qui ne peut partir que du cœur.

On doit oser enfreindre et s'enfreindre, mais les gens n'osent pas.

J'ai connu un potier dans le Berry : quand ça le faisait chier de faire des assiettes, toujours les mêmes, il prenait sa terre et il faisait un monstre. Un énorme monstre. En terre cuite. Et il disait : « Je fais ça parce qu'il faut que ça sorte ! J'en ai plein comme ça à l'intérieur de moi ! »

Il avait raison.

Il faut laisser sortir ses monstres, si on ne veut pas que ce soient eux qui nous bouffent.

TOUTE L'HORREUR ET LA BEAUTÉ DU MONDE

J'ai eu de très belles amitiés avec des gens qui étaient monstrueux, parce que monstrueusement humains.

Maurice Pialat, par exemple, c'était quelqu'un de superbe, aussi violent que généreux. Il avait toutes les qualités et tous les défauts du monde et ne s'en défendait pas. Il était toujours en contradiction. Il y avait quelque chose de médiéval dans son obstination profonde, pas forcément séduisante ni sympathique.

C'était un monstre parce qu'il était à vif.

Et il n'y a rien de plus beau que d'être à vif.

C'était un monstre parce qu'il était juste par rapport à sa sensibilité, qui était monstrueuse.

Il y avait en cela une clairvoyance, une lucidité et une honnêteté irréprochables.

Donc une poésie incroyable.

Renforcée par une écoute totalement féminine.

Une ouverture aux autres démesurée.

Douloureuse, souvent, comme peuvent être douloureux les gens qui voient tout, qui ressentent tout.

Maurice était avant tout un peintre et les vrais peintres sont souvent des monstres.

Ils n'ont pas de remparts et en face d'eux il est inutile d'essayer de cacher quoi que ce soit. Faut pas laisser une porte entrouverte chez Picasso, parce qu'il a un œil.

Autant laisser tout grand ouvert.

Bien sûr, il y a des gens qui ont très mal voyagé avec Maurice. Avec moi aussi, il y a eu des moments où la poêle a un peu attaché, où il a fallu gratter et rincer. Mais quand on a vraiment accompagné Maurice, on ne peut avoir que de l'amour.

Marguerite Duras aussi avait ce côté monstrueux et poétique.

Elle n'avait pas oublié ses maladies d'enfance, ses douleurs, ses cassures, ses ruptures.

Il y avait un vécu terrible chez Marguerite. Donc de la tenue.

Lorsque Barbara a chanté à Pantin en 1981, je lui ai présenté Marguerite et Maurice. Nous sommes allés dîner ensemble. À un moment, Marguerite s'est mise à regarder Maurice comme l'inquisitrice insolente qu'elle savait parfois être. Elle lui a demandé :

« C'est vrai que pour le tournage de *La Gueule ouverte*, vous avez fait ouvrir le cercueil de votre mère et que vous avez demandé que l'on fasse pivoter la tête du corps avec un tournevis pour qu'elle soit dans le champ ? »

Tranquille, Maurice a répondu :

« Oui, pourquoi ?

— Mais c'est monstrueux !

— Vous trouvez ? Parce que vous croyez que vous êtes sensible en me disant cela ? Moi, j'appelle ça de la sensiblerie. Un corps dans un cercueil, c'est de la poussière, rien d'autre. Comme écrivain, vous faites des choses bien plus monstrueuses que moi avec votre imagination ! »

Une discussion de monstres et de génies.

D'êtres humains.

Toute l'horreur et la beauté du monde.

L'ITALIE

Il y a un cinéma qui assumait parfaitement cette monstruosité, c'était le cinéma italien.

On n'avait pas cette vision vaguement angélique et faussement morale des choses qu'on essaie partout de nous imposer.

Dans ces films, le mal existait en chacun.

Les victimes n'étaient pas réduites à n'être que des victimes, souvent elles étaient aussi des bourreaux. Les bourreaux des autres et d'elles-mêmes.

Dans les films de Risi, de Monicelli, de Scola, de Fellini, de Pasolini, de Ferreri, de Leone, la question n'était pas de savoir si on était un monstre ou si on était humain, les deux ne s'opposaient pas, on était toujours un peu les deux à la fois.

Monstrueux parce qu'humain. Et réciproquement.

Voilà pourquoi c'était un cinéma de poètes.

VIVANTS

J'avais vingt-trois ans quand je suis arrivé en Italie, juste après la sortie des *Valseuses*.

J'ai tout de suite ressenti toute la poésie qui habitait les regards, les esprits, la façon de vivre de ces gens dont je ne parlais ni ne comprenais la langue.

Il y avait la richesse et la variété de toutes ces provinces, où chacun avait encore son identité culturelle, son accent, son humeur.

On sentait que le pays était jeune. Garibaldi l'avait unifié à peine cent ans plus tôt.

J'ai retrouvé chez les paysans italiens la même culture de la pauvreté que celle d'où je venais, cette façon de servir des produits du jardin au rythme des saisons, de laisser les plats travailler des heures à feu doux.

L'interdiction du divorce qui venait juste d'être levée avait donné aux Italiens une énergie incroyable. On avait longtemps été obligé de se démerder comme on pouvait avec ses amours, de faire les choses en douce. Les grandes familles avaient été contraintes d'accepter les bâtards comme faisant partie des leurs. Entre les femmes, les maris, leurs amants et leurs maîtresses, c'était vraiment de la commedia dell'arte.

Il y avait une vraie vitalité, partout, une roublardise, un art de la combine, une façon joyeuse d'assumer ses défauts en clignant de l'œil.

C'était un spectacle permanent.

J'habitais Rome, dans un petit appartement tranquille sur la via Aurelia. Tous les grands noms du cinéma étaient dans la capitale, de Rossellini à Fellini, en passant par Pasolini, Bertolucci, Ferreri, mais aussi les grands intellectuels, comme Carmelo Bene, l'auteur de *Notre-Dame-des-Turcs*, les gens de théâtre, Luca Ronconi, Giorgio Strehler, les écrivains, comme Alberto Moravia.

Tous étaient plus ou moins marqués par le communisme. Je les voyais dans les soirées romaines, ils venaient parler de leurs idéaux en essayant de piquer de la cocaïne à droite à gauche. Et puis ça baisait à mort. C'était une ville qui sentait le sexe.

Avant d'être de grands intellectuels, c'étaient surtout des gens qui vivaient.

À l'italienne.

Une abondance de vie et de chair.

Pasolini, par exemple, était loin de l'image d'intellectuel qu'on en donne souvent. C'était avant tout un physique. Je me souviens d'un match de foot entre l'équipe de *1900* et celle de *Salo*, qui se tournait au même moment. J'étais dans les buts, Pasolini était en face de moi, avant-centre. Là, il n'y avait plus de militant raffiné, mais un guerrier, une bête qui savait foncer en gueulant comme un malade.

Et les comédiens italiens… ils étaient tout ce qu'on veut, arrogants, malins, bouffons, fragiles, désespérés, solitaires, généreux, méprisants, cruels, mais jamais petits. C'étaient des vraies natures, sans apparences, tous, de Totò à Tognazzi, ils étaient extraordinaires.

Bien plus que des acteurs, c'étaient des gens qui vivaient. Avant tout.

Marcello Mastroianni est tombé dans le cinéma par hasard, c'était d'abord un prince, la séduction incarnée. Un mélange détonant de qualités et de défauts, un peu lâche, fantaisiste, féminin, disponible surtout. Une disponibilité élégante et rieuse. Un génie ironique. Quand on mangeait tous les deux, on ne parlait jamais de carrière, jamais d'argent, juste de ce que l'on mangeait, si c'était bon ou non, de ce que l'on buvait, du temps qu'il faisait, des filles qui passaient.

Quand Fellini, qui tournait son *Casanova*, nous rejoignait, c'était la même chose. Il nous disait : « Moi, je suis vieux maintenant, je peux mourir demain, alors je prends mon temps. Laissons ces producteurs se partager les parts de mon gâteau. »

C'était une joie simple et enfantine.

Vivre l'instant, c'était la seule chose qui comptait.

BERNARDO

Avant l'Italie, je n'avais pas vraiment compris le métier.

Je regardais, en silence.

Je sentais bien les tensions, les jalousies, les caractères, les rapports humains, la volonté, la violence, je ne savais pas trop quoi en faire. Avec Bernardo Bertolucci, j'ai compris ce qu'était un tournage. Tout simplement un essai, entre quelques personnes, de vivre ensemble une aventure.

Une tentative de paix.

Sur *1900*, on était deux cents personnes, il y avait des Italiens, des Américains, des Français, c'était l'ONU sur le plateau. Et toutes les énergies étaient dirigées dans une seule et même direction, celle que nous donnait Bernardo.

C'était un meneur extraordinaire, un Victor Hugo du Nord de l'Italie. Il avait une force paysanne, une façon bien à lui de creuser des sillons dans la terre. C'était un roc, une montagne, avec en même temps la faculté lyrique de s'envoler très haut, de saisir toute la poésie du quotidien.

Le poids du film ne l'empêchait pas de tout remettre en question chaque jour, de discuter chaque prise sur le tas. Il était comme un chef d'orchestre, sensible à l'inspiration du moment. Je l'ai vu diriger mille paysans de la région de Parme, être aussi proche des enfants que des vieux de quatre-vingt-dix ans, qu'il faisait chanter, danser, revivre.

C'était un homme qui aidait vraiment les gens, qui leur permettait à la fois d'exister et de s'estimer. Il avait ce courage très simple et très rare, très italien aussi, de savoir dire «Je t'aime» à quelqu'un en le regardant dans les yeux, sans pudeur et sans arrière-pensée.

Avec lui, il n'était pas question de travail, juste de rencontre, d'énergie, d'abondance de vie.

Et cette Italie grouillante, débordante, tout autour, elle aussi n'était faite que de ça.

MARCO

Je sortais de chez Grimaldi, le producteur de *1900*, où j'étais allé chercher mes indemnités journalières dans ce quartier incroyable de l'EUR, créé par Mussolini, quand j'ai croisé un petit homme bizarre, avec une barbe, qui marchait les mains derrière le dos, comme un sénateur romain.

C'était Marco Ferreri.

Il s'est approché de moi, m'a regardé de haut en bas et m'a demandé :

« Est-ce que vous êtes téméraire ?

— Ça dépend, c'est pour quoi faire ?

— Je cherche quelqu'un qui veuille bien se couper le zizi… »

Comment refuser une aussi belle proposition ?

J'ai reçu un peu plus tard le script de *La Dernière Femme*.

L'histoire d'un ingénieur au chômage que sa femme a quitté pour rejoindre les mouvements de libération féminine, en lui laissant son gosse de trois mois. À la fin, il se coupe la bite avec un couteau électrique dans un geste de désespoir.

Une histoire simple, en somme, qui changeait du cinéma d'avant et de tous ses héros à couilles.

Une histoire qui ne faisait que montrer ce qui se passait à l'époque.

Ferreri ne donnait aucune réponse, il posait juste des questions.

Sur les femmes, les hommes, les enfants, comment ils y arrivaient ensemble ou pas dans cette société-là.

Tout ça avec un scénario de quarante pages, un film de quatre cents plans.

Aucune psychologie, que de la poésie.

Cette poésie dont seuls sont capables les vrais monstres.

Car Ferreri en était un, un vrai. C'était une provocation permanente, un malaise chronique, un gros bébé insupportable et génial enfermé dans une solitude fertile. Avec lui, il fallait s'attendre à tout. Il se complaisait dans ses faiblesses, se vautrait dans ses défauts. Il était radin de tout. Il passait son temps à faire la leçon à tout le monde. C'était une animosité constante, mais une belle animosité.

La chair comptait beaucoup sur *La Dernière Femme*. Ferreri était gros, l'enfant était gros, et moi, j'avais pris trente kilos avant le tournage. Comme j'allais être la moitié du temps à poil, je voulais qu'on la voie, cette chair.

Comment jouer une scène où on se coupe la bite au couteau électrique ? On s'était renseignés, les médecins disaient que le sang jaillissait violemment, puisqu'une bite qui bande en est gorgée. Je me suis retrouvé sur le plateau, à poil, avec un fil qui me passait sous les couilles, relié à un détonateur, plein de sang prêt à gicler. Et là, j'ai senti que ce geste n'avait rien de réfléchi. Mon gars n'avait pas envie de se couper la bite, il n'en avait jamais eu envie. S'il y avait quoi que ce soit en nous qui, lors d'une crise conjugale, puisse motiver ce genre de geste, il y aurait partout des tas de bites coupées. Ça n'avait rien de rationnel, c'était un acte dément, un état de détresse et de panique, un genre de mauvais réflexe, une surprise presque enfantine. Si j'avais réfléchi deux minutes, j'aurais poussé un cri, un cri gigantesque en passant à l'acte. Heureusement, je ne réfléchis jamais beaucoup. Je me suis coupé la bite d'un coup et je suis tombé à genoux, en silence. Muet de stupeur devant mon propre geste.

C'est une jolie scène. Mais si tu n'as pas Ferreri en face de toi, même s'il ne te dit rien, même s'il te fait chier, tu peux la jouer comme un con.

Après *La Dernière Femme*, il m'a annoncé qu'il avait un nouveau film en tête. Cette fois, mon nom serait Lafayette, j'allais garder des vieux, comme on garde des chiens, j'aurais un singe, un sifflet, l'histoire se passerait dans un New York envahi par des rats. Il y aurait aussi Mastroianni, des féministes et un musée de cire.

Parfait.

Quelques semaines plus tard, j'ai reçu une dizaine de pages à peine du magnifique scénariste Rafael Azcona. C'était bien suffisant.

On s'est tous retrouvés à New York pour tourner *Rêve de singe*. Quand on est arrivés à l'hôtel, le Navarro, où logeaient tous les Italiens, Marco a appris que Sergio Leone lui aussi était là. Il a tout de suite fait un scandale pour avoir une chambre plus haute que celle de Leone. Il voulait absolument être au-dessus de lui. C'était tout Marco.

Une fois encore, on a tourné un film presque prophétique, d'une beauté incroyable.

Un film dérangeant.

Comme beaucoup de metteurs en scène italiens, Marco aimait bousculer les spectateurs.

Cela faisait partie de l'idée que ces gens se faisaient du cinéma.

Aujourd'hui, c'est devenu plus difficile.

Parce que avant de bousculer le public, ce genre de films effraie les financiers, qui pour la plupart sont des peureux, comme tous les gens qui ne vivent que du pouvoir ou de l'argent des autres.

Lorsque j'ai reçu le Lion d'or à Venise en 1997, on m'a demandé quel film je voulais montrer et j'ai choisi *Rosy la Bourrasque*, de Mario Monicelli. L'histoire d'un boxeur amoureux d'une catcheuse. Peu de gens le connaissent, il n'est resté que quelques jours sur les écrans. On l'a tourné en 1979 en Hollande, le pays où l'on mange le plus mal au monde. Les Italiens avaient apporté leurs pâtes, il y en avait plein les camions. Les Hollandais nous regardaient en mangeant des trucs bizarres, noyés dans des espèces de sauces idiotes. Devant eux, on se faisait des repas extraordinaires avec tous ces produits italiens, qui sont vraiment la nourriture de l'esprit et de la fantaisie. Résultat, on a fait un très beau film.

Je les ai profondément aimés, tous ces Italiens, aussi monstrueux que talentueux, ces hommes qui regardaient la réalité bien au fond des yeux, avec des regards qui tenaient.

Avec eux, il y avait une espèce de joie enfantine du rêve, une innocence, un charme, un appétit constant.

Il y a quelques fois eu des crises, bien sûr, mais ces crises font tout simplement partie de ce qu'on appelle la vie.

C'était tous les jours une poésie en acte, la seule qui fasse avancer l'amour.

MARCHER À RECULONS

Certaines époques me laissent de jolis refrains dans la tête, mais je n'ai jamais été nostalgique.

Ce que j'ai éprouvé il y a vingt ans, dix ans ou hier ne m'emprisonne pas.

S'il m'arrive de me laisser prendre par la nostalgie, c'est seulement pour des choses dans lesquelles j'ai pu être inférieur à la demande. Vis-à-vis de mes enfants par exemple, de ne pas les avoir assez écoutés, de ne pas les avoir assez entendus, d'avoir été sourd à certaines de leurs demandes parce que seul comptait pour moi le présent, trop fort, trop éternel. Pardon, Guillaume. Pardon, Julie. Pardon, Roxanne. Pardon, Jean. *Forgive me.*

Mais être nostalgique, c'est marcher à reculons.

Et il n'y a aucun moment que je voudrais revivre.

Revivre ne m'intéresse pas.

Vivre, oui, mais pas revivre.

Aucune nostalgie, même de la plus belle des histoires d'amour.

Si on vit dans le passé, on est toujours un peu comme ces gens qui ont des revanches à prendre ou qui veulent se venger.

Quand on a tourné *Le Comte de Monte-Cristo*, avec Didier Decoin, on a choisi non pas d'en faire l'histoire d'une vengeance, mais plutôt l'apprentissage d'un pardon.

Parce qu'une fois que tu t'es vengé, qu'est-ce qu'il te reste ?

Rien.

Il ne te reste plus qu'à crever.

CONTINUER À VOYAGER

Le passé, c'est un bagage qui nous scie l'épaule.

Trop lourd à porter.

Si l'on s'arrête sur un traumatisme, une rupture, un deuil, un obstacle qu'on n'arrive pas à franchir, le temps se fige comme une feuille de calendrier jaunie. Nos désirs se fanent et l'envie nous quitte.

Patrick Dewaere était complètement brûlé par son passé.

Quand pour le soulager on lui passait la main sur le bras, on avait l'impression de lui faire plus mal encore. J'essayais bien de le pommader, mon grand brûlé, mais avec ce passé qui ne passait pas, il était plus désespéré encore que le désespoir.

Il luttait moins contre la drogue, comme on l'a dit, que contre une douleur d'enfance qu'il portait en lui et qui le détruisait.

Une douleur insoutenable.

La drogue bien sûr n'arrangeait rien. C'est comme l'alcool, au début, ça aide à calmer les angoisses. Et puis très vite, ça atténue toutes les émotions. On baigne dans ses seuls problèmes, c'est du narcissisme, les autres n'existent plus. On se coupe de tout.

Beaucoup de gens ont subi, enfants, des agressions sexuelles ; certains ne s'en remettent jamais, mais d'autres arrivent, malgré tout, à aller au-delà, à s'arracher du passé pour survivre.

Barbara, elle, avait réussi à s'en échapper. À aucun moment, je n'ai ressenti chez elle une douleur d'inceste. Sa vie de femme a certes été bouleversée par des souvenirs violents et douloureux, mais elle a fait elle-même son chemin au milieu de ses épines et elle a pardonné.

Avec *Nantes*, cette chanson magnifique.

C'est son incroyable force de vie qui lui a permis ce pardon.

Son ouverture à la vie et aux autres, malgré son passé, malgré tout.

C'est dur de vivre, comme elle le chantait, c'est dur de vivre mais il faut savoir.

Et elle savait vivre.

Aujourd'hui, j'ai passé le temps des hérédités et je fais mon propre chemin.

Il ne s'agit pas d'oublier le passé.

De toute façon, il est là, et on ne peut rien y faire.

Mais trop vivre dans son passé, c'est un peu comme être pris dans un désert brûlant.

Si on s'y arrête, on crame.

Il vaut mieux essayer d'oublier la chaleur et avancer en se disant que non, il ne fait pas si chaud, qu'on va y arriver.

Et ça finit par aller.

Aussi lourd soit le passé.

Ce n'est pas une fuite, non, c'est une façon de vivre et de survivre.

Bien sûr, on peut tenter une psychanalyse, je le sais, j'en ai fait une pendant trente ans avant de me rendre compte que ce n'était finalement qu'une vanité de plus.

Quand on reste sur des regrets, des remords, des plaintes, on finit par être saturé, on ne peut plus rien accueillir de la vie.

Si on ne pouvait rien oublier, rien mettre de côté, ce ne serait pas supportable.

Ce serait une mort pire encore que la mort, une mort perpétuelle.

On serait perdu à l'intérieur de soi sans aucune disponibilité envers le dehors.

Heureusement, moi, j'oublie vite, mes joies comme mes douleurs.

Leur empreinte reste en moi mais les circonstances s'effacent. Elles ne me briment pas.

Peut-être parce qu'elles ne m'intéressent pas.

Je ne m'y arrête pas.

Je préfère continuer à voyager.

Seul le présent me mobilise.

Parce que plus on est dans le présent, plus on est proche de l'amour.

ÊTRE AVEC, COMME ON EST

C'est une connerie de vivre dans le temps.

On nous apprend à nous confiner entre notre naissance et notre mort, comme dans la naphtaline.

À marcher au pas.

À essayer de donner un sens à ce mystère.

À être sans cesse et toujours cohérent avec soi-même.

Être fidèle à une idée, même à une idée de soi-même, c'est con.

Ça manque de lyrisme.

Je préfère les chemins du cœur.

Je ne cherche jamais à avoir raison ou à avoir tort.

Je ne suis sûr de rien.

Je n'aime pas être définitif.

Souvent, quand on est définitif, c'est qu'on n'est pas tellement sûr de ce qu'on avance. Il y a de la peur, on veut se convaincre.

Un mec qui passe sa vie avec ses certitudes, vingt-quatre heures sur vingt-quatre, un jour il a des emmerdes avec son boulot, sa femme, ses gosses, ou bien il vieillit, et d'un coup, sa vision des choses lui explose à la gueule. S'il n'y est pas préparé, ça peut être la fin.

Moi, suivant le moment, je peux faire ou dire une chose, puis son contraire l'instant d'après.

Et vivre les deux intensément.

Je m'en fous d'être contradictoire.

C'est ça mon équilibre.

J'ignore tout de mes réactions.

Je prends ce qui vient, comme ça vient.

J'attrape tout, je n'ai pas d'interdits violents, pas de convictions dures qui me permettent de juger.

Je ne suis pas censurant.

Je préfère écouter, ressentir.

Je n'insiste jamais, je ne m'arrête pas, je me contente de passer.

Si je trouve devant moi une porte fermée, je ne reste pas devant et je n'essaie pas d'entrer par la fenêtre.

Ni blocage ni effraction.

Si cette porte est fermée, c'est sûrement que je n'ai rien à faire là, que j'ai un chemin à parcourir avant de la franchir.

Quand je reviendrai, elle sera peut-être enfin ouverte pour un rendez-vous où j'étais en avance.

Je suis parfois décousu comme le monde, mais ça ne me gêne pas.

Au contraire, je trouve ça bien, de laisser apparaître ses coutures.

Je suis grand ouvert.

Comme un animal, tout me rentre dedans sans aucune barrière, l'amour comme l'angoisse.

Il y a des moments de déprime sauvage ou de joie intense, mais c'est bien.

Par vagues, ça tape et ça reflue.

J'aime trop la vie pour chercher à la contrôler.

Et je préfère être cette grosse éponge qui se répand qu'un pète-sec sans âme.

C'est mon amour de la vie.

Parfois, il dérange.

Et je suis le premier à être dérangé par moi-même.

Mais je ne me rangerai jamais.

Je préfère continuer à me déranger.

C'est sans doute pour ça que je suis encore si vivant et si difficile à vivre.

Je pèse les dangers pour ceux qui m'aiment.

J'essaie de m'arrêter juste au bord où je ferais de la peine.

Mais je n'explique pas. Jamais.

Pas plus que je ne m'explique.

À partir du moment où l'on s'explique trop, on se perd.

Ça devient vite de la vanité.

Il faut avoir le courage d'avancer sans essayer de justifier tous les malentendus que la vie nous donne à affronter.

Quand on est humain, on a des problèmes et c'est très bien. Sinon c'est une anesthésie de l'âme.

Je n'ai pas envie de laisser pousser mon confort comme de la mauvaise herbe.

Je ne fais que me rendre disponible à l'imprévisible, lui seul compte pour moi.

Comme l'écrit Peter Handke : «Je ne sais rien de moi à l'avance.»

L'instant seul m'importe.

Vivre sur le vif.

Toujours garder la fraîcheur du premier moment.

Le présent est multiple.

Et il n'y a rien que j'aime davantage qu'être à fond dans l'instant, sans calcul, peut-être sans charme et sans grâce. Mais tel que je suis.

C'est toute la force du présent : être avec, comme on est.

Aucun moment ne se ressemble et je préfère leur ressembler que de me ressembler.

Qu'est-ce qu'il y a de plus vivifiant que d'être en résonance avec l'instant présent ?

Rien.

C'est la seule façon d'être créateur, dans le mauvais comme dans le bon.

Il faut juste savoir accepter son humeur du moment et être honnête avec elle, même si elle nous dessert.

La respecter.

Je ne suis pas bien aujourd'hui, je me sens lourd, j'ai mauvaise mine ? Faisons avec.

C'est une liberté, ma belle.

QUAND RIEN N'EST SÛR

Je ne crois pas du tout à la technique de l'acteur.

À l'assurance qu'elle est censée donner.

Je préfère arriver avec l'état dans lequel je suis qu'avec une idée du rôle.

Si tu joues un flic, tu n'as pas besoin de faire des pieds et des mains pour montrer que tu es un flic, ballot, c'est dit dans le film !

Si tu commences à jouer un flic, tu vas réduire toute l'humanité de ton personnage à ce simple état de flic.

L'image habituelle, le cliché, va l'emporter sur l'être.

À l'inverse, plus tu vas te rendre disponible à ton humeur, réceptif à ta propre humanité, meilleur sera ton flic.

Mitchum ou Brando n'ont jamais joué un rôle, ils se contentaient d'être.

Ça fait peur d'être libre, hein, abruti ? Allez, fais un effort : c'est la seule façon d'exister.

Le beau, c'est toujours quand rien n'est sûr.

Avec Maurice Pialat, rien n'était jamais sûr.

On était seul, non seulement seul avec soi-même mais avec ce que l'on ne connaissait pas de soi et qu'on allait découvrir.

Tout était possible.

Il n'y avait pas de plan de travail en béton, pas de décor définitif, je dirais même pas d'acteurs.

Il fallait désapprendre, oublier toute cette technique qui, finalement, n'est qu'une façon de faire un peu tous la même chose.

Se contenter d'être humain, avec son humeur du moment.

On ne pouvait pas tricher.

Maurice, on ne la lui faisait pas.

C'est unique de pouvoir partir comme ça. En état d'urgence.

Là, l'état de création est très fort.

Ça peut être risqué, effrayant même, mais c'est le propre de la vie.

On n'avait même pas la possibilité de se cacher derrière une histoire, ces histoires qui toujours nous alourdissent.

Il fallait juste savoir être disponible.

Alors la vie arrivait de partout.

FRANÇOIS

Ce qui fait un bon scénario, c'est l'espace qu'il laisse à remplir.

L'espace laissé à l'imagination, à l'inspiration du moment.

Avec François Truffaut, au moment de dire « moteur », on devenait à nouveau libres.

Après avoir été brimés par l'histoire, les plans, les angles, les objectifs, on pouvait enfin se laisser aller.

Donner libre cours à l'instant présent.

C'était comme une récréation.

Et la récréation, ce n'est pas fait pour continuer à s'emmerder avec ce qui s'est passé pendant les heures de classe. C'est fait pour la vie, les copains et les conneries.

C'était ça, François, un copain de préau, celui avec lequel on se libère de tout cet encadrement qui nous gonfle.

Il avait ce côté voyou, cette façon unique de dire : « Merde, ils nous ont bien fait chier à nous empêcher de faire ce qu'on voulait, maintenant, on va pas se gêner ! »

J'étais un des rares à le tutoyer.

Lui et moi, on était vraiment comme deux mecs qui préparent un coup.

François, c'était un révolté, qui l'avait toujours été. Il allait au bout de tout.

Il avait une énergie, une écoute incroyables. Et une générosité : il était dix secondes en avance sur toutes les générosités des autres. Avec une élégance et une courtoisie folles.

Avec lui, il y avait toujours du plaisir, un plaisir malin, une liberté, une intelligence. Et une honnêteté irréprochable.

Sur *La Femme d'à côté*, il n'y avait qu'une petite histoire de quarante pages quand on a commencé. Il n'y avait pas de dialogues, juste quelques notes. Et François écrivait tous les matins nos textes du jour. Il faut être en état d'urgence pour faire ça. Et François l'était. Ses urgences étaient érotiques, sensuelles.

C'était quelqu'un qui bandait.

On a énormément ri ensemble.

On a partagé une enfance.

Donc une joie.

Il fallait voir d'ailleurs comment il parlait aux enfants, c'était d'une évidence absolue. On sentait bien qu'il n'avait jamais vraiment quitté cette terre-là.

C'est ce qui lui permettait d'accoucher sans douleur de la fragilité des autres.

Avec lui, on pouvait se laisser aller à cette féminité que les pudeurs de l'enfance laissent rarement s'échapper.

C'était un voyou qui savait dire « Je t'aime ».

C'est souvent ça le drame des voyous, ne pas savoir dire « Je t'aime ».

C'est ça, l'histoire de Cyrano.

François et moi, on ne faisait pas de cinéma.

On avait nos rendez-vous.

Comme dit Musset : « Trouvez-vous à midi à la petite fontaine. »

AVEC

Toute ma vie, je n'ai fait que des rencontres.

Je n'ai jamais travaillé. Ça ne m'a jamais attiré.

Je n'ai eu que des rendez-vous avec des gens avec qui j'avais envie d'être, de parler, de vivre des choses.

De partager un appétit.

Faire un film ne m'a jamais intéressé.

Heureusement, d'ailleurs. Ceux qui veulent juste faire des films deviennent vite emmerdants, ils ont des problèmes d'acteurs, ils se laissent porter. Il n'y a rien de plus pénible.

Moi, ce qui m'a toujours passionné, c'est de vivre un film avec des gens.

Jamais de m'isoler dans un rôle, dans une composition, dans une performance, mais toujours d'être au milieu de l'équipe.

Pareil au théâtre, j'ai toujours besoin du regard de l'autre. Une fois, dans *Home* de David Storey, monté par Régy, Lonsdale s'est amusé à jouer les yeux fermés. Ce soir-là, face à lui, j'ai été incapable de me souvenir de mon texte.

J'ai toujours été dans l'euphorie du partage, jamais dans l'exercice du métier.

Et je n'aime rien tant que de la susciter, cette euphorie, amorcer la chaîne, entraîner l'amitié.

Tous les matins, en arrivant sur le plateau, je pince quelques joues.

UN JOLI COURAGE

Une rencontre, c'est à la fois le désir et la curiosité, c'est être vivant.

Chaque fois, je me sens neuf devant les autres : j'ai tout à apprendre d'eux.

Je ne me méfie pas, je crois aux gens.

Je suis sans cesse curieux et gourmand des autres.

J'ai une culture d'attention, d'écoute.

Je suis. Du verbe « suivre ».

Il ne faut pas avoir peur de s'ouvrir, de donner et de recevoir.

C'est un joli courage.

Celui d'aimer les gens.

Les autres, c'est la vie.

Et j'aime leur vie parce qu'ils me donnent envie.

On ne peut pas être blasé.

C'est en allant vers les autres que j'ai connu mes plus belles émotions, en m'oubliant que j'ai le mieux vécu. En n'existant plus que j'ai le plus existé.

C'est peut-être la seule chose qui me tient en vie, le désir des autres.

MES SAISONS

Quand le passé me rattrape, que cette société me désespère, je préfère me retirer pour lécher mes plaies, jusqu'à ce que mes blessures soient cicatrisées et que je puisse donner à nouveau.

Barbara, elle aussi, avait ce comportement de bête sauvage.

Il faut parfois un peu de temps pour sortir du terrier et récupérer le courant, la vie, les autres, être de nouveau à l'écoute.

Avant, je buvais, je me sonnais, c'était ma manière de foutre le camp et d'être seul. M'abrutir, me cogner dessus, comme si j'étais le boucher de moi-même, jusqu'à éjecter l'angoisse.

C'étaient des moments d'ombre, parfois intenses, des périodes de ronces, des chemins obscurs.

Maintenant, c'est fini.

Je n'arrive plus à trouver aucun plaisir dans ces pertes d'être.

Je préfère me lever avec le soleil et cultiver mes terres.

Je sais que j'ai mes saisons.

Je ne suis pas prenable tout le temps.

Il y a des moments où j'attends mon fruit.

C'est un travail d'inertie.

Comme si j'avais une grippe, mais de l'âme.

Il faut attendre qu'elle passe.

Je sais qu'à un moment je vais tomber sur un être ou sur un paysage, devant lequel j'aurais pu passer sans m'arrêter, que soudain je vais être à nouveau disponible.

Me laisser prendre.

Quelqu'un ou quelque chose va m'allumer une lumière et c'est un autre moi-même qui sera là.

Je suis une plante, mais qui ne crève plus forcément parce qu'à un moment elle manque d'eau.

J'ai ma sève tranquille qui m'alimente.

Vraiment, la vie m'intéresse.

Et depuis toujours.

Elle m'intéresse même de plus en plus et j'essaie d'avoir un maximum de respect pour tout ce qu'elle m'apporte.

Je ne sais pas si c'est ça, être heureux, mais je sais que ça fait partie du bonheur.

Cultiver son goût de la vie.

Je suis un homme qui plus il avance, plus il s'arrête et plus il regarde.

Avant, je courais un peu dans tous les sens.

J'ai été jeune, comme tout le monde, j'ai été prétentieux, j'ai été odieux, il faut sans doute passer par là, c'est normal.

Je ne crois pas en la sagesse. Notre histoire est semblable à celle de l'humanité, on n'apprend jamais rien, on est seulement la proie de métamorphoses successives.

Ce n'est jamais fini.

Il y a toujours chez moi les séquelles d'une certaine virulence : on ne peut pas changer les rayures du zèbre.

Je dis «virulence» pour ne pas dire «violence», parce que je ne pense plus être violent alors que je l'ai été.

Je n'aimerais surtout pas la perdre, cette virulence.

Je n'aimerais pas être apprivoisé, ça m'inquiéterait.

Je reste sauvage, mais je connais mes pièges.

Quand on a fait beaucoup de stop, on finit par connaître les endroits où on va rester longtemps sur place et ceux où on va pouvoir continuer à avancer.

Aujourd'hui, je commence à bien connaître mes parcours.

DIRE « JE T'AIME »

Je n'ai jamais été un grand collectionneur de culs.

J'estime davantage la tension et l'intelligence du désir.

Sa politesse et sa langue.

J'ai toujours préféré l'étreinte à la pénétration.

Et l'amitié profonde avec les femmes.

Il y a là quelque chose d'essentiel, une conversation, qui peut parfois se prolonger jusque dans l'amour physique.

Cela n'a rien à voir avec la pornographie.

Il n'y a jamais rien de sale dans l'amour physique.

Pour être à deux, il faut du temps, ce temps où l'on ne se dit rien, cet espace où le silence de l'autre ne nous gêne pas mais, au contraire, nous enrichit.

Nous sommes aujourd'hui dans une société qui étale sa pornographie sans honte mais ne favorise en rien l'amour.

On veut tout de suite mettre des mots sur tout, informer sans délai, dire, définir, commenter.

On ne nous laisse même plus le temps de la plus belle des choses, qui est de ressentir.

Quand on aime, on n'a pas besoin de mettre un mot sur chaque sensation.

Le désir suffit.

Il faut le laisser résonner.

Si l'on bombarde de mots cette délicatesse, on finit par ne plus l'éprouver.

De plus en plus, j'observe une distance entre les gens qui sont mariés, qui ont des enfants. Je lis souvent bien peu d'amour dans les regards qu'ils se portent.

Il y a toujours un âge dans la vie d'un homme où les choses se brouillent. L'état du confort, des convictions, nous entraîne dans des choses de plus en plus feignantes, de moins en moins convaincantes.

Cette fameuse crise du milieu de la vie arrive de plus en plus tôt et elle est vécue dans la panique.

Plutôt que de prendre le temps de se ressourcer, de retrouver confiance, on se lasse tout de suite et on passe à autre chose.

À mesure que s'accroît l'intolérable du monde, l'amour s'éloigne.

Faire seul quelques pas en toute confiance est déjà si compliqué qu'il est très difficile d'aller vers l'autre.

On préfère rester reclus derrière nos écrans.

Ce qui devrait être naturel ne l'est plus.

Se sentir heureux, ne serait-ce qu'une journée d'affilée, devient quelque chose d'exceptionnel.

Je ne suis pas une parole de vérité, je n'ai même pas une réflexion intelligente, je dis simplement ce que je ressens en ce moment.

Il y a quelque chose qui ne va plus de soi dans les existences, un recul, un désaccord.

Un grand trouble devant toutes ces crevasses, partout sur notre chemin, qui paralysent notre progression et nous empêchent de vivre nos vraies émotions, nos émotions personnelles.

Il faut une énergie folle.

Les corps finissent par se fatiguer.

Et le corps ne ment jamais.

Le corps traduit tous les malentendus.

Il est devenu très difficile d'avoir une relation durable, très compliqué de vivre à deux.

Difficile de continuer à dire « Je t'aime ».

À VIF

Quand je suis ici, en France, j'ai sans cesse ce frémissement inquiet par rapport aux autres.

Celui qu'on ressent juste avant la bataille, l'inquiétude pour la paix.

On est tellement sur des poudrières, dans des rapports de force.

Ça me met à vif.

Les silences que je perçois sont terribles.

Ils me font penser à celui de *Buffet froid*, quand les trois compères sont à la montagne, pénards sous leurs couvertures, et que soudain le pépiement des oiseaux s'arrête.

C'est un silence qui annonce le danger.

Et c'est d'autant plus dangereux que quand arrive le moment où personne n'entend vraiment plus personne, ce n'est pas loin de se terminer par un silence absolu.

Comme après Hiroshima.

UN MALENTENDU PROFOND

Le pire arrive quand les gens ne se parlent plus.

La violence devient alors la dernière forme de dialogue possible.

Il faut les comprendre, les pas bavards, ceux à qui on coupe sans cesse la parole, ils couvent sous leur volcan.

Un jour, ça pète, c'est forcé.

S'il y a de la criminalité ou de la délinquance, ce n'est de la faute de personne. C'est un malentendu.

Un malentendu profond entre la société et les hommes.

Un terrible manque d'amour.

Certains jeunes sont tellement paumés aujourd'hui, ici en France, que seule la délinquance leur permet de trouver une certaine normalité.

Là au moins, ils trouvent une logique, celle de la délinquance.

À quoi d'autre peuvent-ils rêver ?

L'autre jour, j'en ai vu un, qui avait une bonne vingtaine d'années, qui faisait la manche.

Je lui ai demandé :

« Tu es dans la rue depuis combien de temps ?

— Depuis cinq ans.

— Tu n'as pas envie d'autre chose ? De lire, d'ouvrir ton esprit, de rêver à quelque chose ?

— Non. Je suis à la rue, c'est tout. »

J'ai essayé de le provoquer un peu, rien à faire, aucune réaction.

Si cette société ne favorise pas le couple, elle ne favorise pas non plus l'éducation.

Quand ils ne sont pas à la rue, les mômes restent chez leurs parents.

À trente ans, ils sont encore là.

Et encore, s'ils ont des parents qui sont là pour eux.

Même ça, c'est devenu un luxe.

On ne donne plus aux gens les moyens d'être des parents, d'aimer et d'élever leurs enfants comme il faut. Ils les foutent le matin dans les pattes de professeurs éreintés, puis se dépêchent d'aller au boulot, quand ils en ont un, ils se tapent leurs deux heures de transport quotidien, avec toujours les mêmes têtes autour d'eux.

Quant aux gosses, on ne leur donne même plus la chance de faire leurs preuves. Ou alors il faut qu'ils entrent directement dans un monde de compétition, où les cartes sont truquées.

Un monde sans humanité.

Ils n'osent pas et on les comprend.

Il n'y a aucun apprentissage humain, ils n'ont plus de repères.

Et on ne fait pas grand-chose pour leur donner des racines, une culture, une mémoire, ces choses toutes simples auxquelles se raccrocher.

Il n'y a plus que cet Internet, que l'on met entre la vie et eux.

Au lieu de travailler la tête pour faire pousser le cœur, ils restent devant cet écran qui ne leur communique rien d'autre qu'une espèce de fainéantise de l'âme. Et la connaissance en temps réel de toutes les catastrophes et tous les malheurs du monde.

On les désillusionne avant même qu'ils ne se soient fait la moindre illusion.

Ça brûle direct tout espoir en eux.

Comment ne pas être frustrés de nos propres beautés quand on nous met sans cesse face à l'horreur de ce monde ?

Ils n'ont plus envie de réfléchir ni de penser.

Toutes les réponses que leur donne la société sont d'une telle violence qu'ils n'ont même plus envie de se poser de questions.

On leur coupe toute envie. Toute envie d'être en vie.

Il y a dans ces choses comme une invite à se perdre.

Il ne faut pas s'étonner ensuite qu'ils soient attirés par le vide.

J'arrête là, je me déprime moi-même !

VA MANGER TRANQUILLE APRÈS ÇA !

La vraie violence est souvent davantage dans ce qui suit l'acte que dans l'acte lui-même.

Quand quelqu'un dérape, et quel que soit son dérapage, c'est ce qui se passe ensuite qui est terrible.

Que va-t-on dire ? Que va-t-on penser de moi ? Comment cela va-t-il être interprété, exploité ? Que va-t-il m'arriver ?

Un gamin qui se brûle sur un four, ce n'est pas violent, c'est une chose qui arrive, c'est presque naturel. La réaction qui s'ensuit, elle, est violente. Les cris autour de lui, les parents qui ont peur et qui s'affolent. L'idée d'un enfant qui souffre. Tout ça amplifie la douleur.

Quelqu'un qui se fait tuer dans une bagarre de rue ou dans une guerre, c'est un fait. Ça arrive depuis que l'homme est homme. La violence de la chose est décuplée par tous les commentaires qui en découlent.

Elle devient carrément pornographique quand on imprime dans le journal la photo du cadavre.

Tu es en train de manger à Châteauroux ou à Saumur, tu allumes ta télé et en temps réel on te transporte en Irak ou en Syrie, et on te montre des images terrifiantes, des corps et du sang, cette situation que tu connais, mais contre laquelle tu ne peux strictement rien faire.

Va manger tranquille après ça !

Ces images indécentes avec lesquelles on nous matraque à longueur de journée prennent une place énorme.

Toute cette pornographie brime l'esprit distingué du monde.

Comment trouver la grâce dans un monde aussi peu gracieux ?

C'est douloureux, parfois.

« Je ne suis pas ma vie. Je vis mal de moi. J'ai été ma mort », écrit saint Augustin.

C'est ça partout : on nous dicte notre mort.

C'est le règne de la peur, ce qui est la pire des inhumanités.

Les médias passent leur temps à souffler sur ce feu qui ne sert à rien.

On met en avant les mauvais côtés, jamais les bons, on montre du doigt, on désigne des boucs émissaires.

Ce manque de générosité, de réflexion, d'envergure, ce manque de respiration, comme dirait Cyrano, c'est tous les jours.

Tous les jours, il faut nourrir la bête, lui remplir la panse de saloperies.

L'innocence n'a plus de place nulle part, ce n'est que culpabilité partout, accusations, mises en examen. Et exécutions.

Même chez les pires des flics, on atteint rarement ce niveau.

Quand on voit, par exemple, en France, ce qu'est cette prétendue justice, c'est une véritable honte.

Le nombre d'affaires où les gens sont accusés sans aucune preuve, c'est scandaleux.

La façon dont les peines sont données à la tête du client, c'est tout aussi scandaleux. Je l'ai vu avec Guillaume. Trois ans de prison pour deux grammes d'héroïne. Et une juge d'application des peines me faisant la morale, qui m'aurait bien mis les bracelets à moi aussi si elle avait pu ! Finir sa carrière en se faisant Depardieu, le rêve ! Bravo la justice !

Il y a des gens bien parmi les juges, des gens qui essaient de faire leur boulot correctement, mais, comme partout, il y a aussi de vraies ordures.

Et ces ordures-là ont le pouvoir de foutre des vies en l'air.

Ceux-là sont pires encore que la pire des ordures qu'ils mettent quelquefois derrière les barreaux.

Comment ces gens, qui sont censés faire régner la justice, peuvent-ils encore se regarder dans la glace ?

Il faut être bien aveuglé par un immonde appétit de pouvoir.

J'en ai rencontré, des présidents de cour et des juges dans les milieux sadomasos, à l'époque où je tournais *Maîtresse* de Barbet Schroeder. Ils venaient se faire fouetter, se faire monter dessus à quatre pattes avec un mors de cheval aux dents, traîner dans cette merde à laquelle ils appartiennent et qui les distingue.

Juger les gens, vraiment, je leur laisse. À eux et à la presse.

Faut avoir la vocation.

COMBIEN DE TWEETS ?

Ce ne sont même pas les journalistes les responsables, c'est seulement la connerie humaine.

La presse ne fait qu'aller avec cette espèce de vide qui s'installe partout.

Elle est même en retard sur l'Internet.

Au moins, elle a encore le sens de l'anecdote.

Mais elle est en train de se faire bouffer par la petite boîte.

Que reste-t-il du journalisme, cet outil sublime, quand il ne fait plus que compter le nombre de tweets et en commenter le contenu ?

Et encore, la plupart ne sont même pas des journalistes, mais des animateurs qui ne se couchent jamais, qui s'amusent à faire condamner leurs invités par de petits juges de plateaux télévisés. On n'a plus que des débats stériles, où les discours sont toujours les mêmes, et qui finissent par nous rendre plus ignorants encore.

Et c'est la même chose dans le monde entier.

On est loin d'Albert Londres. Même de Larry King.

Il ne faut pas s'étonner ensuite que le public se désintéresse de tout ça.

Ces gens-là, on finit par ne plus les écouter, comme on n'écoute plus les discours des hommes politiques.

Ce qui rend la chose presque pire encore.

Comme quelqu'un qu'on ne supporte plus d'écouter et qui malgré tout n'arrête pas de parler.

LES BRAS BALLANTS

Aujourd'hui, c'est vraiment comme si les Français ne vivaient plus que minute après minute.

Il n'y a plus de projets.

J'ai l'impression que les gens vivent comme ça… sans !

En province, dix mois de l'année à huit heures du soir, les rues sont vides, il n'y a plus rien.

Les gens regardent le journal à la télé et ne ressortent plus tant ils sont effondrés ou effrayés.

Si tu ne vis pas avec quelqu'un que tu aimes et qui t'aime, qu'est-ce que tu veux faire ? Tu picoles, tu t'exploses la gueule, tu prends tes antidépresseurs, tes somnifères.

Ou tu commences à chercher un responsable. Quelqu'un à haïr.

On est un peu comme dans ces films de science-fiction où les personnages arrivent sur une planète inconnue. Ils traversent des tas de choses mais ce qu'ils ont sous les pieds n'est pas stable. Ils ne peuvent plus se fier à leur pensée habituelle, il y a de moins en moins de logique et de plus en plus de traîtrises possibles.

Ce ne sont même plus des traîtrises, c'est simplement le monde d'aujourd'hui et de plus en plus de gens y sont complètement paumés.

On dirait qu'ils sont devenus des migrants dans leur propre pays.

Ils ne regardent même plus la terre.

Ils sont là, à se serrer le cul.

Dans les villages français que je traverse, je n'ai jamais vu tant de volets fermés. Ils s'entrouvrent de temps en temps, furtivement, on se croirait sous l'Occupation.

On n'est plus tranquilles.

Les gens sont méfiants, ils n'ont plus le regard franc.

J'en croise de plus en plus qui ont des regards de schizophrènes.

On sent qu'il y a en même temps des bras ouverts et des refus.

C'est une sorte de « Je t'aime, je te tue ».

Une schizophrénie, oui, quelque chose qui passe d'un extrême à l'autre, sans aucune nuance.

On ne sait plus quelle est notre identité et on se trouve en effet à un moment dangereux.

Déjà, on s'offusque de tout, tout le monde est suspicieux.

Tout devient scandale.

Devant les incendies allumés par la presse et les juges, beaucoup baissent les bras.

Et c'est inquiétant.

C'est les bras ballants que les gens allaient vers Pétain.

La vie avait perdu.

Dans ces moments-là, le Français peut être terrifiant.

Il a vite fait de retomber dans son travers, celui du « Ah, ça ira, ça ira », de 1793 et de Fouquier-Tinville.

De suivre les coupeurs de tête, de quelque bord qu'ils soient.

C'est cette mentalité bien de chez nous, cet esprit lamentable dont a parlé Marcel Aymé, que l'on a vu à l'œuvre pendant la collaboration, les guerres d'Indochine ou d'Algérie.

Ces Français-là, je les ai toujours à l'œil.

COURIR LOIN

Quand j'ai l'humeur lourde, je ne sors pas de chez moi.

Et j'observe que ça m'arrive de plus en plus souvent quand je suis ici, en France.

Je ne connais pas mes réactions.

Je préfère éviter les conflits.

On ne devrait jamais se mettre en colère.

Je n'aime pas la colère. Ça fait mal au cœur, ça me fait chier, j'évite.

De tout temps, la connerie a été là et elle durera toujours.

Si on la laisse nous atteindre, elle nous contamine, c'est elle qui gagne.

Je ne vais pas prétendre que le monde est beau.

Il est beau selon la façon dont on décide qu'il est beau.

Parfois, il faut courir loin pour ne pas que sa laideur nous rattrape.

Et plus on est vieux, plus il faut courir vite.

Il ne faudrait jamais rien détester.

Je me méfie des gens qui détestent trop.

Je ne veux pas détester.

Mais il m'arrive de plus en plus d'être saoul des hommes et de cette société.

À mon âge, je ne vais pas passer mon temps à cuver.

Le monde est bien plus vaste que ça.

On va écrire que je dis encore du mal des Français.

Je suis français, bien sûr, mais je ne suis pas que français, bordel !

Je suis vivant et la vie est dans le monde !

Une parenthèse, alors que je suis en train de relire les épreuves de ce livre.

Une colère, plutôt. Tant pis.

Une personne se disant proche de moi, et que je connais à peine, a confié à un journaliste que je vendais tout parce que je ne supportais plus ce pays.

Et ce matin on me montre les journaux, Internet, c'est à nouveau l'hallali.

« Gérard Depardieu et la France, la fin d'une histoire d'amour », « Gérard Depardieu ne veut plus faire partie de la France », « Gérard Depardieu vend tous ses biens à Paris ».

Une connerie, une fois encore.

Toujours cette même légende, entretenue par une certaine presse.

Celle du mec qui a pissé dans un avion, qui est bourré en permanence, qui a reçu un passeport de Poutine, qui chie sur la France et les Français.

Celle qui fait vendre.

Je suis plein de défauts, je les assume tous et j'accepte toutes les critiques.

On peut bien me faire une réputation de con, puisqu'il m'arrive comme tout le monde d'en être un. Et même plus souvent qu'à mon tour.

Mais je ne supporte pas le mensonge et la malhonnêteté.

Je ne parle jamais de moi à certains journalistes, qui se reconnaîtront.

Je n'ai plus grand-chose à leur dire puisqu'ils en savent plus que moi sur moi-même et sur la vie que je mène.

Ils se rabattent donc sur des indics, ces personnes soi-disant « de mon entourage », qui parlent de moi ou pour moi, et que souvent je ne connais pas. Ou que je n'ai pas vues depuis vingt ans.

Ces gens qui font la queue pour être sur la photo.

On me dit que c'est la rançon de la gloire, mais je n'en ai rien à foutre de la gloire.

Il m'arrive encore de faire quelques interviews pour parler de films ou de spectacles que je fais et que j'aime, mais je sens souvent le piège.

La plupart du temps, on expédie le sujet pour en arriver à ce qui intéresse la presse people, qui nourrit la légende. Ça dévie sur Poutine, sur la France, sur l'alcool, sur n'importe quoi.

Ils sont à l'affût.

Ils attendent le dérapage, ils le provoquent s'il ne vient pas.

Et ce qui aurait dû être un rendez-vous d'amour se transforme en garde à vue.

Comme je suis quelqu'un qui pense tout haut, que je n'ai pas de barrières et que je n'aime pas me méfier, il m'arrive quelquefois de raconter des conneries.

Qui ensuite s'étalent partout sur Internet.

Qui font vendre du papier.

Je n'en veux plus de cette hypocrisie.

Alors arrêtez d'écouter tous ces cons qui prétendent raconter mon histoire.

Mon histoire, elle est dans ces pages, nulle part ailleurs.

Vous voulez la vérité ?

Eh bien non, je ne me barre pas de la France.

Oui, j'ai été très heureux que ce Premier ministre me traite de minable, à la suite de quoi on m'a offert des passeports un peu partout dans le monde.

Très heureux d'être ainsi plus libre encore.

Je préfère être libre que français, mais ce n'est pas pour autant que je renie ce pays.

Qu'on arrête de mettre ça dans la tête des gens.

Je ne dis pas du mal de la France, seulement je vois, j'écoute et j'entends.

Je rencontre tous les jours des gens dans la rue qui me parlent de ce pays et qui ne m'en disent pas forcément le plus grand bien.

Beaucoup sont déprimés, ne croient plus en rien.

La plupart du temps, ils s'y font chier.

Mais ils ne sont en rien responsables des conneries de ceux qui les gouvernent.

Si j'avais envie de foutre le camp, ce serait fait depuis longtemps.

Ce n'est pas le cas.

Il y a trop de jolies choses ici.

Je suis depuis quelques semaines à Marseille, qui est une très belle ville avec une lumière exceptionnelle et surtout beaucoup d'histoire.

Et les Marseillais, avec leur accent, leur façon d'être… ils la respirent, cette histoire, ce qui est très agréable.

Alors non, je ne me barre pas de la France, je ne vends pas tout par dégoût de ce pays, contrairement à ce que prétendent ces journalistes, qui ont même évalué tous mes biens.

Mais c'est vrai que je me suis rendu compte qu'il y avait des escrocs autour de moi et que je devais me séparer de certaines personnes, de certaines affaires ici.

Je dis des «escrocs», mais non, les escrocs ont souvent du panache, disons que je suis tombé sur de petites gens, de pauvres esprits qui ont profité de moi.

Je ne suis pas un homme d'affaires, ça ne m'a jamais intéressé.

J'aime faire travailler les gens, j'aime nourrir les gens.

Je n'ai eu que des rencontres, des coups de cœur, qui m'ont amené à m'associer pour monter des affaires comme on vit des aventures.

J'aime les bonnes idées et ceux qui croient en elles.

Je fais confiance, aveuglément.

Je ne peux pas faire autrement puisque je ne sais pas faire autrement.

Je ne veux pas ouvrir de courrier, de mail, je ne veux pas voir de livres de comptes, de factures, je ne veux rien gérer.

J'insiste : je veux être libre.

Je ne veux rien vérifier.

J'ai laissé cette liberté, qui est ma raison d'être et ma raison de vivre, à certaines personnes qui ne s'en sont pas servies pour s'élever, mais au contraire pour se conduire comme des rats.

Faut être complètement con, quand j'y pense.

Avec tout ce que je peux donner, tout ce qu'on peut me voler sans que je m'en aperçoive, sans même que cela me choque… Eh bien, non. Ces gens-là n'en ont jamais assez.

Ils vont jusqu'au bout de leur connerie.

Et je me demande aujourd'hui si tout ça ne vient pas de moi.

Si ce n'est pas ce goût de la liberté pour moi et pour les autres qui pourrit tout autour de lui.

Cette nature qui est la mienne, de toujours faire confiance, en croyant l'autre aussi libre que je le suis, à savoir aussi honnête.

La liberté peut être un fléau pour celui qui n'est pas à sa hauteur.

Elle est très dangereuse, quand on n'a en soi rien d'autre que de l'ignorance.

La connerie, lorsqu'on lui laisse les mains libres, est sans foi ni loi.

Ce n'est même pas une question de pognon.

Que l'on me trahisse pour un euro ou pour un million d'euros, c'est la même chose.

Pour moi. Mais pas pour eux.

Ces gens se foutent bien de la peine que cela peut faire d'être trahi par quelqu'un à qui l'on a fait confiance.

Mais après tout, je m'en fous, c'est la vie.

C'est ma vie, en tout cas.

On croit toujours que l'on peut réparer la connerie des autres, mais non, on ne peut rien changer et c'est comme ça.

Il faut bien s'y faire.

J'ai écrit un livre qui s'appelle Innocent.

Et aujourd'hui je sais que la plus grande des chutes est celle que l'on fait du haut de son innocence.

Qu'est-ce que tu veux que je fasse maintenant ?

Je n'ai pas envie de tuer pour une trahison.

De toute façon, à la fin, ces gens s'éliminent d'eux-mêmes en trompant l'innocence.

Puis ils se mettent à parler à ma place dans les journaux.

Aussi, si je vends mes affaires, cela n'a rien à voir avec la France, mais tout à voir avec cette nature humaine qui parfois m'écœure autant qu'elle peut m'enchanter.

Comme l'a écrit Musset : « Tous les hommes sont menteurs, inconstants, faux, bavards, hypocrites, orgueilleux ou lâches, méprisables et sensuels ; toutes les femmes sont perfides, artificieuses, vaniteuses, curieuses et dépravées ; le monde n'est qu'un égout sans fond où les phoques les plus informes rampent et se tordent sur des montagnes de fange ; mais il y a au monde une chose sainte et sublime, c'est l'union de deux de ces êtres si imparfaits et si affreux. On est souvent trompé en amour, souvent blessé et souvent malheureux ; mais on aime, et quand on est sur le bord de sa tombe, on se retourne pour regarder en arrière, et on se dit : J'ai souffert souvent, je me suis trompé quelquefois, mais j'ai aimé. C'est moi qui ai vécu, et non pas un être factice créé par mon orgueil et mon ennui. »

J'espère que c'est clair maintenant : j'aime toujours la vie et j'aime toujours la France.

C'est peut-être moins vendeur pour ton journal, abruti, mais c'est comme ça.

Et arrête de parler sans savoir. On va finir par ne plus du tout te lire.

Allez, ça, c'est dit, maintenant on peut continuer !

LES RAISONS D'ÊTRE

Chaque matin, il faut trouver une raison d'être, même si celles-ci sont de moins en moins nombreuses dans cette société qui rapetisse.

Il faut chercher autre chose.

En soi.

Ailleurs.

Quelque chose de plus grand.

Va-t-on attendre le suicide de notre civilisation ? Une arme fatale qui va nous détruire ?

Il y en a déjà une qui détruit tout et partout, à commencer par le désir, c'est la connerie.

STEFAN ZWEIG

Comment continuer à avancer dans une civilisation qui, peu à peu, perd ses raisons d'être ?

Un homme s'est vu un jour confronté à cette question et lui a apporté une réponse tragique.

Stefan Zweig.

Une âme magnifique, d'une élégance extrême, avec tous les scrupules de la délicatesse. Qui, du jour au lendemain, s'est trouvée en pleine barbarie.

Zweig avait dans les mains toute la finesse et toute la beauté des hommes. Il était ce que la culture avait produit de plus fin, dans cette Vienne incroyable du début du siècle, où se côtoyaient Freud, Mahler, Klimt, toutes ces intelligences et ces sensibilités essentielles.

En quelques années seulement, il a vu une ombre grandir autour de lui.

Il a été l'un des premiers à entendre ce monde qui se mettait à hurler et auquel on ne pouvait apporter aucune consolation, aucune réponse, tant celles-ci étaient inaudibles face à la bête.

Il a vu la perte d'être gagner autour de lui et celle-ci a fini par lui enlever toute raison d'être.

Ce n'était même pas une indignation, il n'était pas indigné, le pauvre, il ne pouvait que subir, ce qui est terrible.

La différence brutale entre le monde qu'il avait connu et celui qu'il voyait autour de lui l'a voué à une solitude totale, définitive.

Tous ses repères se sont effondrés, il s'est retrouvé à la fois complètement perdu et d'une lucidité aussi exceptionnelle qu'insoutenable.

On lui a enlevé son pays, il n'avait plus d'Autriche, plus de Vienne, nulle part où vivre en paix.

Il faut vraiment lire Zweig, et de tout temps, c'est indispensable.

Il fait partie de ces rares personnes qui nous mettent de la terre sous les pieds, qui nous donnent une mesure de cette planète.

C'est une conscience magnifique.

Surtout aujourd'hui, où je ne dirais pas que la civilisation se suicide, on n'en est pas encore tout à fait là, mais où on sent bien que quelque chose qui se passe n'est pas vraiment normal, qui dépasse toutes nos explications.

Quand on lit son très beau livre sur Érasme, où l'obscurité a le visage de l'intégrisme protestant, ou son autobiographie, *Le Monde d'hier*, où elle a les traits du nazisme, on pense forcément à ce qui est à nouveau en train de prendre notre monde, de nous le dérober.

Ce vide vers lequel on semble aller.

Et auquel je ne pourrai jamais me résigner.

À LA BOUGIE

Qui peut aujourd'hui encore ressentir et penser les choses comme Stefan Zweig ?

Nous montrer cette époque, ses failles, ses dangers, comme le faisaient Balzac ou Hugo ?

La plupart des textes qui m'enseignent quelque chose, qui me nourrissent et me donnent une certaine conscience, sont des textes anciens.

En ce moment, je lis *Le Guide des égarés*, de Moïse Maïmonide.

C'est une lecture difficile, essentielle, et j'ai vraiment l'impression de m'éclairer à la bougie dans l'obscurité qui règne.

Cette lueur fragile, incertaine, indispensable, ce ne sont certainement pas les ordinateurs qui vont me la donner. Ni ces gens qui, derrière l'écran, lisent des prompteurs sans jamais rien avoir à foutre de ce qu'ils disent.

On est tellement abasourdis en ce moment, on a une telle chape de connerie à tous les étages du monde, que lire Maïmonide me permet de prendre une autre respiration, de vivre un autre temps, un autre espoir.

J'ai appris bien tard à rester seul avec un livre.

Beaucoup de gens aujourd'hui ne le peuvent plus. Ils prennent tout de suite leur téléphone, ils allument leur télé ou leur ordinateur. Ce qui, pour moi, est la pire des solitudes. Prisonniers de ces temps nouveaux, ils se laissent ainsi déposséder de leur silence, le seul endroit où quelque chose de vrai peut advenir.

Et c'est la même chose pour les écrivains. On sent trop souvent la fausse monnaie, le produit, les phrases alignées les unes derrière les autres, sans aucun espace derrière où se loger. Ça manque de vécu.

Heureusement, il y en a encore qui résistent.

Houellebecq, par exemple, qui est à peu près le seul à me parler de notre temps.

Ce temps qui n'est souvent qu'indifférence et pornographie, où l'envie et l'érotisme sont en train de disparaître.

Houellebecq, lui, au moins, nous montre un peu l'écho de ce vide.

Son manque d'écho, plutôt. Son manque de désir, de sensualité.

C'est sans doute pour ça que, comme moi, il se branle pour pouvoir dormir plus librement.

Si j'ai envie de sensualité, je préfère relire le Coran.

Là, au moins, dans la description du paradis d'Allah, on trouve une vraie vision du désir.

Ça n'a rien à voir avec le jardin d'Éden de la Bible, que je trouve d'un ennui profond et où je n'aurais eu qu'une envie : croquer la pomme pour enfin devenir humain !

Ça n'a rien à voir non plus avec l'image du paradis qu'en ont ces abrutis qui n'ont jamais lu le Coran et qui sont persuadés que soixante-douze vierges leur sont promises s'ils mettent sept slips avant de se faire sauter la panse en public.

Non, si jamais ils arrivaient au paradis d'Allah, ce dont je doute vraiment, ils seraient obligés d'apprendre à désirer et à respecter une femme.

À aller au-delà même du désir pour retrouver le vrai sens du mot « amour ».

C'est ce à quoi les vierges sont destinées, dans les allées de ces jardins : à procurer une harmonie où l'homme n'est plus victime de ses pulsions ni handicapé par son désir.

Il s'en libère pour s'en reconstruire un autre. Beaucoup plus vaste.

Là est le vrai nirvana, la béatitude.

Comme l'écrivait Corneille : « Le désir s'accroît quand l'effet se recule. »

Ça me rappelle ce que me disait Luis Buñuel, quand il avait quatre-vingts ans : « Depuis que je ne bande plus, que je ne pense plus à la queue et que je ne m'en sers plus, je suis en paix, je peux enfin vivre le désir jusqu'au bout, je suis au paradis ! »

ON MANGE DES GRENOUILLES

On devrait mettre très tôt des livres dans les mains des gamins, plutôt que de leur montrer dans ces nouveaux dessins animés des gens qui ne ressemblent à aucun être humain.

Le cinéma n'a jamais été aussi près de ressembler à un jeu pour enfants.

Un jeu pour enfants hors de prix.

Quand un film coûte des dizaines de millions d'euros ou de dollars, à qui tu peux parler ?

Qui est derrière ? Parfois, un comptable. Personne, le plus souvent.

C'est un cinéma de chiffres.

Loin de celui de Truffaut, qui était un cinéma de lettres.

Ou de celui de Pialat.

C'est pourquoi beaucoup de films finissent par être tous les mêmes.

Ce qui ne veut pas dire que le cinéma d'aujourd'hui soit mauvais.

Disons qu'il se contente de peu.

Il suffit de regarder les affiches. On y voit souvent des attitudes, rarement une vérité.

Il y a les films people, qui mettent en scène ceux qui font bêtement ce métier d'acteur, qui n'est déjà pas un métier très intelligent. Leurs films ne parlent que d'eux, on est plus du côté du selfie que du cinéma. Il y a aussi les comédies concepts qui nous envahissent. Les *Babysitting*, les *Alibi.com*. La moitié des scénarios aujourd'hui viennent des applications d'iPhone. On a déjà eu la comédie du site de rencontre, on va bientôt avoir celle du covoiturage, celle du Airbnb. Il y a enfin ces prétendus films d'auteur, souvent d'une tristesse totale, chiants comme la pluie, où tout est filmé laidement, salement, qui dégagent cette odeur de merde dans laquelle Cannes aime exhiber ses bijoux.

Pour moi, Cannes est mort depuis longtemps. Beaucoup trop d'apparences, pas assez de vérité. Donc pas assez de cinéma. C'est devenu comme la politique, avec beaucoup d'ego et de flatterie. Et plus beaucoup de magie. Je préfère des festivals comme Sundance, Toronto, Berlin. Là, ce sont encore les œuvres qui priment, et elles qui prennent les lumières. Plus que les copains et leurs bijoux.

Heureusement, il y a encore certains films qui passent à travers les mailles du filet. Ils sont rarement américains, là-bas souvent au milieu de la bande-annonce tout est déjà joué, plus rien ne peut nous surprendre. Mais des films venus d'ailleurs, de bonnes surprises, comme *Léviathan* de Andreï Zviaguintsev, *Que Dios nos perdone* de Rodrigo Sorogoyen, ou *Le Caire confidentiel* de Tarik Saleh, qui montre parfaitement ce qu'a été la révolution égyptienne. Des films qui prennent le pouls de leur pays. Ces pays où de jeunes critiques apportent à des jeunes créateurs, comme, en son temps, Truffaut apportait aux jeunes cinéastes.

On est loin de certains critiques d'ici, qui passent leur temps à faire des tables rondes où ils se saoulent de leur propre importance. François a écrit ce superbe dialogue, très vrai, entre Antoine Doinel et son fils dans *L'Amour en fuite* :

« Travaille bien ton violon, Alphonse. Si tu travailles bien et si tu es doué, tu deviendras un grand musicien.

— Et si je travaille mal ?

— Si tu travailles mal et si tu fais plein de fausses notes, eh bien, tu seras critique musical. »

Le plus dramatique dans l'histoire, c'est qu'à chaque fois qu'un pays a de mauvais critiques, son cinéma est mauvais. Ce sont ces abrutis qui ont tué l'identité culturelle française, comme ils ont tué Cinecittà.

Il nous reste néanmoins quelques vrais artistes ici, comme Guillaume Nicloux, quelques films merveilleux, comme dernièrement *Nos années folles* d'André Téchiné, où les interprètes sont exceptionnels, ou encore *Lola Pater*, le nouveau film de Nadir Moknèche, avec une Fanny Ardant formidable.

Ce n'est pas rien d'être un vrai cinéaste.

Pendant le tournage de *Sous le soleil de Satan*, Maurice était souvent fatigué, il doutait de tout, il voulait arrêter. Je l'emmenais manger, j'essayais de le regonfler.

Il y avait Toscan qui appelait, qui appelait, comme un malade. Il hurlait :

« Qu'est-ce que vous faites ?

— On mange des grenouilles. Elles sont vraiment bonnes.

— Mais enfin, il faut tourner ! »

Silence.

Puis je lui dis :

« On est fatigués. Il n'y a pas d'inspiration pour le moment. Faut attendre.

— Oui, mais tu comprends, il me fait chier ! Ça coûte de l'argent !

— Bah oui, qu'est-ce que tu veux que je te dise ? *La Porte de l'Enfer* a été faite en trente ans. Six gouvernements sont passés. Commande d'État. Faut savoir à qui tu as affaire. Tu veux quoi, un artiste ? Est-ce que tu penses que les artistes sont des gens paisibles ?

— Aide-moi.

— Je ne peux pas. Je ne peux pas parce qu'il faut que je termine mes grenouilles. Et j'aime beaucoup la sauce ! Il y a du beurre et de l'ail ! »

Quand, juste avant la guerre, Renoir fait *La Règle du jeu*, il vit dans une société pleine d'agressivité, d'injustices, de saloperies. Et là, il entreprend de faire une comédie qui raconte l'histoire d'amour entre un juif et une Allemande, qui fait communier le monde des grands et celui des petits.

Tout ce qui, autour de lui, s'oppose.

Chaque étage avait son histoire d'amour.

Quelle joie il faut pour arriver à faire ça, pour arriver à défaire les nœuds de toutes les colères et de toutes les misères de son époque !

Il faut être sacrément vivant, comme l'était Renoir, pour trouver des raisons d'être et de faire.

Malgré tout.

L'OMBRE ET LA LUMIÈRE

L'art, je ne veux même plus en parler.

C'est devenu une Bourse pour hommes d'affaires incultes qui veulent s'acheter une âme.

Une autre forme de spéculation, comme le pétrole ou l'or.

On n'a plus de galeries mais des coffres-forts.

Et encore, même les galeries disparaissent, tout le marché passe par Internet.

L'art est parasité par l'argent comme la religion est parasitée par la politique.

On est loin du Titien, et même du temps de Rodin, où il y avait encore de vraies connaissances et de vraies reconnaissances du travail de l'artiste.

Il reste de très grands peintres, bien sûr, mais ils ne sont plus soutenus.

Il n'y a plus aujourd'hui de carrefours d'artistes, comme à une époque Montmartre ou Montparnasse. Cela dépassait toutes les frontières. Des peintres venus du monde entier s'y retrouvaient, des Américains, des Espagnols, il y avait de véritables échanges, des émulations, des écoles, des influences, des amours et des haines, de la vie. Aujourd'hui tout le marché de l'art est fait dans des bureaux à Londres ou à Los Angeles.

Pour la première fois depuis des siècles, il n'y a plus de vrais mécènes, comme l'était par exemple Jonas Netter. C'était un petit-bourgeois, un représentant, qui, un jour, en allant faire refaire ses papiers, a vu dans le bureau du commissaire de police un tableau qui l'a fasciné. Il était signé Maurice Utrillo, un ivrogne à moitié dément installé sur la butte Montmartre. Netter s'est alors mis à soutenir Utrillo, puis bon nombre d'artistes, comme Modigliani, à qui il versait cinq cents francs par mois contre un droit de premier regard sur ses toiles. Puis, toujours dans l'ombre, il a permis à Soutine de continuer à créer en achetant quatre-vingts de ses tableaux à une époque où il était complètement méprisé. Sans parler de Chtchoukine et Matisse, ou même de Clemenceau, qui a toujours soutenu et encouragé Monet. Quel homme d'État, de nos jours, ferait la même chose ?

Aujourd'hui, un artiste doit se démerder seul face à une société qui lui est contraire.

Et ce qui importe, c'est uniquement la valeur. La cote de Damien Hirst est en train de baisser, les marchands d'art, paniqués, essaient de la soutenir. Ils n'aident pas un artiste, ils protègent un investissement. On est moins fasciné par la profondeur d'une œuvre que par son indice. On dirait même que moins c'est profond, mieux c'est pour l'investisseur.

L'époque est donc aux designers, on accroche plus de tableaux à Versailles, on décore le lieu.

Sans parler de Venise, qui est défigurée par toutes ces œuvres en résine dure. Au bout de leur ponton, les palais du Grand Canal arborent des sculptures monumentales. On éclaire tellement fort la nouveauté qu'on ne distingue même plus le patrimoine.

Ils sont loin ces artistes qui savaient encore faire advenir l'ombre et la lumière. Aujourd'hui, c'est l'ombre qui règne et les seules lumières sont artificielles.

UNE AVENTURE IMPRÉCISE

J'ai toujours été du côté de ceux qui voyagent.

Quand j'allais chez ma grand-mère qui était dame pipi à Orly ou que je traînais à la gare de Châteauroux, je me mêlais toujours à ceux qui avaient une valise à la main.

Le voyage a quelque chose de l'enfance.

Il engendre une certaine euphorie, il m'emmène dans une joie de vivre.

On va aller respirer un autre air, on ne sait pas ce qu'on va voir, c'est une promesse, qui va amener du plaisir ou de l'angoisse, mais quelque chose va se passer, une aventure.

Il faut juste partir avec une envie, une allégresse, surtout pas avec un guide touristique dans la main.

Et oublier toutes ces putains d'images que l'on voit partout.

Ce sont elles qui ruinent nos découvertes, qui tuent notre désir.

Toutes ces émissions, tous ces spécialistes du voyage, viennent tout nous bousiller, en volant l'âme des derniers endroits vierges, qu'ils salissent de leur présence. Des gens isolés du monde, qui n'avaient sans doute jamais vu un con, en voient soudain un débarquer avec ses caméras et ses antennes.

Et à cause de ce con, on sait tout à l'avance.

On a déjà tout vu.

Il y a de moins en moins de surprise. De plus en plus de huloteries.

Tout ce qui entre dans une caméra sans pudeur, sans poésie, sans amour, est nocif pour nos esprits.

La télé en pâtit, le cinéma en pâtit, tout en pâtit. À commencer par notre désir.

Quand on part avec une idée de ce qu'on va trouver, c'est déjà mort.

On ne va regarder que ce que l'on a déjà vu partout.

Plus rien ne peut arriver.

On va passer son temps à Disneyland. S'extasier devant des pyramides mayas en stuc, ou devant un Christ qui tire sa croix en balsa dans un désert d'Israël, accompagné d'un centurion dont le survêtement dépasse sous la jupette. Toutes les civilisations ont ce genre de choses à montrer, à chacun son Puy du Fou.

Non, il ne faut jamais partir comme un touriste ou comme ce connard de Tintin, sinon on est déjà suspect. Les gens que l'on rencontre n'ont plus rien à nous dire. Et je les comprends.

Il faut au contraire arriver à poil, comme un innocent.

Sans rien.

On peut alors se balader en regardant autour de soi, s'arrêter, lever le nez, et au bout d'un moment, on va entendre une voix derrière nous qui va nous dire : « Avant, ce n'était pas comme ça. » On se retourne, on demande doucement : « Ah bon, c'était comment ? », et c'est parti.

La rencontre se fait.

Dans l'*Odyssée*, quand c'est Ulysse qui pense ou qui parle, c'est jamais intéressant. L'essentiel, c'est ce qu'il voit autour de lui, sa façon de regarder. Les moments où il oublie qui il est.

Quand on lit les récits de voyage en Asie de Paul Morand, on sent tout de suite que ça ne va pas. Il n'est pas en train de regarder, il est en train de polir ses phrases. Son intelligence fait écran, elle l'aveugle, ce n'est pas un poète.

Il faut vraiment se débarrasser de tout ce que l'on sait, de tout ce qu'on a déjà vu, être simplement un regard, un désir, de l'amour qui voyage.

Toujours s'embarquer pour une aventure imprécise.

À chaque fois que je voyage, j'essaie de me perdre.

J'adore ça, ne plus savoir où je suis, ne plus avoir aucun repère.

Dans une forêt, dans une ville la nuit, au milieu d'une foule.

Me perdre et tenter de retrouver la route tout seul, en recouvrant ce sens qui me manque, au rythme de mes respirations, sans angoisse. Car on ne rejoint jamais son chemin avec la peur de ce qui nous entoure, mais seulement avec l'amour de ce qui nous entoure.

QUAND L'AIGUILLE S'AFFOLE

Comme Henry de Monfreid, il faudrait au moins quinze ans de sa vie, et encore, pas n'importe quelle vie, une vie encore jeune, pour pouvoir voyager et vivre vraiment ces rencontres de civilisations.

Aujourd'hui, en quelques heures seulement, on peut changer de continent et de culture. D'histoire et de géographie.

C'est un peu triste mais on peut aussi en profiter.

Quand j'ai trop de mal ici en Occident, quand l'aiguille s'affole, mon meilleur remède est de prendre le premier avion.

À l'époque où je jouais *Tartuffe* tous les soirs à Strasbourg, je suis allé faire un raccord pour *Fort Saganne*, une journée de tournage près de Nouakchott. À peine vingt-quatre heures après avoir quitté la scène du théâtre, je suis arrivé au bord du fleuve Sénégal, dans un vent de sable à décorner un bœuf, avec, autour de moi, ces bruits si particuliers de l'Afrique. Je ne savais plus où j'étais. Là, j'ai pris la gueule d'un chameau entre mes mains et je lui ai dit : « Laurent, serrez ma haire avec ma discipline / Et priez que toujours le Ciel vous illumine… », les premières lignes de *Tartuffe*. C'était magnifique.

J'adore ce genre de sauts rapides dans l'espace et dans le temps.

Ils permettent une souplesse d'émotion, une liberté totale.

C'est une façon de se laver de tout.

Avant le tournage de *Danton*, nous parlions de la Révolution avec Wajda, de ces heures inouïes où le peuple brise ses chaînes avant de s'en forger d'autres, ces moments où la vie exagère. Puis les grèves ont éclaté en Pologne. On a pris le premier avion, on est arrivés deux jours avant que Jaruzelski ne proclame l'état de siège. Là, j'ai vu tout un peuple saisi de fièvre, d'euphorie, d'angoisse, qui ne dormait plus.

Ce sont des états de fatigue que je connais bien, des rendez-vous bizarres où la chair n'existe plus, où le cœur devient plus gros que la poitrine.

Ce que j'aime retrouver dans mes voyages imprévus.

BEAUCOUP DE SOURIRES ET D'ÉMERVEILLEMENTS

Je suis toujours surpris par la vie et les pays que je traverse, par les gens que je rencontre.

Et c'est en se surprenant qu'on apprend des choses sur les autres et sur soi-même, pas dans le confort.

Aujourd'hui plus que jamais, j'ai envie de partir à la découverte des autres continents, de me frotter aux traditions et aux spiritualités du monde, de respirer l'âme des autres.

J'aimerais aller préparer une soupe aux lutteurs de sumo, visiter les écoles de geishas, faire toutes les fêtes juives…

Quand on est ouvert, disponible, on trouve toujours dans les pays les plus lointains, les cultures les plus diverses, de vraies affinités avec ceux que l'on rencontre.

Ils peuvent tout nous donner. Ce qui nous touche, ce que l'on peut aimer.

Il y a de vrais moments privilégiés, avec des gens dont on pourrait se croire très éloignés, mais qui nous racontent des choses si simples sur leur quotidien, leur nature, leurs traditions, qu'on se découvre une mémoire que l'on ignorait, une mémoire qui vient d'avant même notre naissance.

Cette mémoire que l'on risque de perdre ici.

Il y a encore des continents où l'on croise beaucoup de sourires et d'émerveillements, qui permettent de décoller la carapace que l'on se fait dans cette société. Le voyage est un bon dissolvant naturel.

Il y a aussi des moments privilégiés avec la nature, où, devant une immensité, le temps semble s'arrêter.

Ce sont des minutes d'oisiveté, de vacance, grâce auxquelles on peut retrouver son silence et entrer en communion totale avec ce qui nous entoure.

J'ai toujours été attiré par le désert.

On y va tout de suite à l'essentiel.

Les choses reprennent leur sens.

C'est le lieu qui dicte la façon d'être.

Il y a des gens qui ne peuvent pas supporter le désert, que ça angoisse.

Moi, le désert me repose et m'émeut.

Marcher dans le désert la nuit sous les étoiles, c'est comme l'expérience d'un grand amour, on met longtemps à s'en remettre.

Pendant le tournage de *Fort Saganne*, j'ai vécu des mois en Mauritanie, dans un ancien fort français à Chinguetti, septième ville sainte de l'Islam, un ancien lieu de rassemblement pour les pèlerins qui se rendaient à La Mecque.

J'étais porté par ce personnage de Saganne, ce Lawrence d'Arabie français.

Dès que le tournage était fini, je partais seul avec un guide.

En quelques minutes seulement, on arrivait dans une espèce de silence incroyable.

Il n'y avait plus que le bruit du chameau, le frottement de la selle, c'était presque biblique.

La terre vivait au rythme des éléments.

Il suffisait d'un vent de sable la nuit pour que la géographie se métamorphose.

C'était l'espace, la solitude et le silence.

Une paix.

Une façon de se laver de toutes les impuretés du monde.

Seul entre ciel et terre, avec l'impression de pouvoir décrocher les étoiles.

LA LOI DU PLUS FORT

Le seul endroit où je n'ai jamais trouvé grand-chose, c'est du côté de l'Amérique.

Je me demande parfois si leur désert le plus remarquable n'est pas leur désert spirituel.

Leur puritanisme dénature toutes leurs émotions et leur appétit de pouvoir corrompt tout désir.

Même leur cinéma, avant d'être du cinéma, est un moyen de dominer le monde.

Il est d'ailleurs fait en grande partie pour corrompre les gens qui n'aiment pas le cinéma.

Dans leurs films, la plupart des personnages n'ont pas de chair, pas même de sexe, ou alors c'est Laurel et Hardy, avec Laurel en robe qui fait la mariée.

Ce qui trahit bien leur inconscient.

En dehors du cliché hollywoodien, très peu d'Américains ont su montrer l'amour.

Il y a tellement d'émotions frelatées là-bas qu'il faut avoir une force monstrueuse pour atteindre la beauté derrière les remparts du fric, du pouvoir et de l'hypocrisie.

Le seul qui y soit parvenu, c'est Cassavetes.

Un autre monstre magnifique.

Quand il a fait son dernier film, *Love Streams*, il était devenu une sorte de kamikaze, d'une solitude totale.

Il est mort de travail, d'acharnement.

Et d'isolement.

Ce n'est pas un pays fait pour l'amour.

On ne peut pas être du côté du pouvoir et du désir à la fois.

Et si les Américains savent susciter le désir, peut-être mieux que personne, c'est souvent parce qu'ils ont un pouvoir à prendre derrière.

Ils arrivent même à nous faire croire que leur pouvoir est désirable.

À nous faire oublier toute réalité.

Leurs hommes politiques sont des champions en la matière.

Régulièrement, ils mettent un pays à feu et à sang, imposent une dictature, en prétendant que c'est pour le plus grand bien de l'humanité.

Que dire de Cuba, par exemple, cette île dont ils avaient fait leur pute, le royaume de leur mafia ? Quand Castro est arrivé, avec des idées généreuses, justes, ils ont passé leur temps à saboter la moindre chose qu'il aurait pu réussir. Il a fait ce qu'il a pu, mais il n'a pas pu tenir.

Et c'est lui qu'on traite d'infréquentable.

Sans parler de cette illusion qu'ils ont réussi à implanter dans les esprits de beaucoup de gens : l'Amérique a sauvé l'Europe du nazisme. On oublie complètement Staline, qui a fait une bonne partie du boulot avant que les Américains ne viennent au combat pour récolter les lauriers de la gloire. Paix à leurs morts, toutefois.

C'est toujours la même chose là-bas. Par-devant, c'est Walt Disney, et par-derrière, on protège les médecins nazis pour récupérer les brevets.

Ils ont une hantise incroyable des Russes. Ils balancent toutes sortes de saloperies qui sont reprises en chœur par tous les bien-pensants et les médias occidentaux, au garde-à-vous. Ceux-là ne vérifient rien de ce qu'on leur raconte, ne vont jamais voir sur place si ce qu'on dit est vrai. Ou ils y arrivent avec leurs idées préconçues. Mais jamais ils ne s'intéressent à l'histoire de la Russie. Ils en parlent comme quelqu'un qui aurait de grandes idées sur la France sans jamais avoir entendu parler de Jeanne d'Arc, de Louis XIV, de Voltaire ou de Napoléon.

Je ne veux pas laisser penser que tous les malheurs du monde viennent des États-Unis, mais ils sont quand même responsables de beaucoup de ses maux.

Il suffit de voir ce qui s'est passé en 2008, avec Lehman Brothers, ces banquiers qui, avec leurs crédits, ont littéralement acheté des hommes, des familles, avant de les foutre en l'air sans aucun état d'âme.

Ce sont des truands, dans bien des domaines, des truands à la détente extrêmement sensible.

Bien sûr, ils ont aussi eu quelques artistes magnifiques, mais ceux qui ont fait le grand cinéma hollywoodien étaient souvent des Européens qui fuyaient le nazisme, que ce soit Ernst Lubitsch, Otto Preminger, Billy Wilder, Fritz Lang, Douglas Sirk, ou tant d'autres.

Les Américains talentueux étaient surtout du côté des producteurs, du fric et du pouvoir, une fois de plus.

Les Américains que j'aime sont ceux qui, comme Edward Snowden, se rebellent contre cet état d'esprit, qui essaient de mettre un peu de lumière dans l'ombre gigantesque de ce pays.

Ils sont rares.

Quand je parle de désert spirituel, c'est parce que je pense vraiment que l'Amérique, c'est une culture qui ne s'est pas faite.

À l'inverse du reste du monde, les Américains ne sont pas un peuple de nomades qui se sont sédentarisés. Au contraire, ce sont des colons qui cherchaient la fortune ou des puritains en quête de Terre promise.

Les nomades de cette terre, ceux que l'on appelait les Indiens, mais qui venaient de Sibérie et de toute l'Asie, auraient pu les rendre plus intelligents.

Ils ont préféré les tuer.

Loi du plus fort, une fois encore.

Il faut du temps pour qu'une culture puisse s'enraciner, surtout quand la mémoire est tachée de sang.

Quand ils ont du talent, leurs artistes et leurs écrivains, comme Jim Fergus ou Russell Banks, sont des hommes qui sont en lutte contre cette mémoire courte, cette culture avortée qui empêche leur pays de s'élever.

Il faut voir par exemple dans quel état de dénuement culturel se trouve le Middle West.

À la fin, cela donne quelqu'un comme Trump.

Il y a une logique dans tout ça.

QU'ILS VIVENT, AU MOINS !

Sans doute que je mélange un peu tout dans ces pages, mais je m'en fous. C'est ma façon.

Avec tout ce qui se passe en ce moment autour de nous, je finis par être embrouillé, comme d'ailleurs pas mal de monde.

À force, j'ai du mal à savoir ce qu'il faut encore défendre.

Et je n'ai plus l'insouciance de la quarantaine ou même de la cinquantaine pour m'aider à être plus vivant.

Je me laisse abattre plus facilement.

Non pas abattre en dépression, en idées noires, mais abattre comme quelqu'un qui court beaucoup pour échapper à ce manque de visibilité, ce brouillard permanent où les raisons d'être sont si difficiles à distinguer.

Il faudrait se trimballer en permanence avec des tas de ventilateurs dans les mains.

Essayer de se dépolluer, de péter sain, comme dit Rabelais.

Surtout à l'âge qui est le mien, où, même si on a avancé un peu et si on se sent bien, les années comptent triple, où on n'a plus les mêmes goûts, plus les mêmes désirs.

Ce n'est certainement pas la célébrité, le fric ou les honneurs qui vont me donner une raison d'être.

Ce n'est jamais ça qui m'a fait avancer.

Je n'ai jamais fait ce métier pour avoir, mais pour être.

Et j'ai toujours eu assez d'argent.

Depuis que je suis gamin, j'ai toujours été riche.

Même quand je n'avais que deux francs en poche, c'était toujours assez.

Au pire, si je n'avais pas de quoi bouffer, je vendais des choses ou je volais.

La seule chose que je n'aimais pas, c'était qu'on essaie de m'arnaquer pour me les prendre, ces deux francs.

Je n'aime toujours pas qu'on essaie de m'arnaquer.

Mais ces deux francs, ils n'avaient déjà aucune valeur pour moi.

Je n'ai aucun sentiment de bien-être de propriétaire. L'endroit où je me sens le plus chez moi, c'est sur mon scooter, parce que je peux regarder autour de moi.

Je ne vais pas me lever un matin et décider de construire un empire, essayer de devenir une sorte de patriarche, un chef de clan à la tête d'une dynastie pour faire résonner mon nom sur des générations.

Quand on regarde les grandes familles françaises, on ne peut qu'être effrayé.

Derrière les colonnes de leurs palais, c'est une petitesse d'âme, une mesquinerie de sentiments qui durera toujours.

C'est la possession qui les possède et je suis heureux de ne pas en être réduit à ça.

Je plains les héritiers qui, toute leur vie, ont été dressés dans l'unique but de reprendre le flambeau. La plupart n'ont pas de jeunesse, ce sont des petits vieux avant l'heure.

La seule belle chose qu'ils puissent faire, c'est de dire « merde » au vieux qui a sué pour eux, de casser la dynastie et surtout de dilapider tout l'héritage.

Qu'ils vivent, au moins !

Tout foutre en l'air, tout dépenser et vive la liberté !

UNE CONFIANCE QUI S'ENTÊTE

Je ne crois pas à la transmission.

Quand j'ai eu des enfants, j'étais très jeune, ils m'ont donné l'envie d'aller à la chasse. Pour leur rapporter à manger, comme j'avais vu mon père, le Dédé, rapporter la paye.

Je voyais leur mère prendre les enfants sous son aile et je les croyais mieux avec elle.

Il a fallu du temps pour que je comprenne ma responsabilité de père.

Et le temps passe tellement vite.

Tu les langes, tu t'amuses à mettre ton nez dans leur nombril, tu as des rires avec eux, puis très vite, tu es perdu. Ils grandissent, tu les laisses partir, ils restent tes enfants, mais tu ne sais plus bien de quoi tu dois te mêler ou pas.

C'est très difficile, ce lien qu'est la paternité, on ne sait jamais bien comment ça se passe vraiment, ce qui va les aider ou non.

Le Dédé ne s'est jamais douté de ce qu'il a pu m'apporter ou ne pas m'apporter, de ce que j'ai vu ou pas vu en lui.

De la même façon, Guillaume me reprochait des choses que j'avais faites, alors que jamais je n'aurais pu penser un seul instant que ces choses avaient pu le toucher autant.

C'est très étrange, ce qui se grave ou pas dans la mémoire des enfants, c'est incompréhensible.

Ils prennent ce qu'ils doivent prendre, mais on ne peut jamais savoir ce que ça sera ni l'importance que cela aura.

Mais après tout, c'est leur histoire.

Ça ne sert à rien de se poser la question de la transmission, elle est insoluble.

Quand on est jeune, on a une espèce de liberté insolente, la liberté de son physique, de ses années, on a la séduction de l'herbe folle.

Et puis un jour, cette herbe folle fait une fleur.

On ne sait pas pourquoi, ni grâce ou à cause de qui.

Autour de toi, ta jeunesse a amené les autres à te transmettre des choses, souvent sans qu'ils s'en aperçoivent, sans même que tu le saches. Ta jeunesse leur a peut-être aussi transmis des choses que tu ignores avoir données.

Tout cela est très mystérieux et passe bien au-dessus de tous les mots, de toutes les volontés.

C'est pourquoi, quand j'entends tous ces gens qui disent qu'ils vont passer le relais, je ne comprends pas de quoi ils parlent.

Quel relais ?

Je ne crois pas au passage du relais, même avec ses propres enfants.

La seule transmission qui vaille, c'est une vraie générosité, sans espoir de retour.

Une confiance qui s'entête, même si elle peut être déçue.

Accepter de donner et de recevoir, de recevoir et de donner.

Du bon ou du mauvais, peu importe, puisque de toute façon on ne sait pas ce qui va infuser ni comment.

Il n'y a que des relais d'amour.

La volonté n'a rien à voir là-dedans.

Il faut juste s'arranger pour éviter les malentendus.

Et si malentendu il y a, se dire que ce n'est qu'un mauvais moment à passer qui jamais ne doit conduire à remettre en question l'amour que l'on porte à nos enfants ou qu'ils nous portent.

Quoi qu'ils nous reprochent ou qu'on leur reproche, ce n'est jamais rien à côté de cet amour.

Les reproches et les malentendus, c'est normal, ça fait partie de la vie.

Ce sont des existences qui, pour un temps, sont en désaccord.

Je sais toute l'admiration et tout l'amour que j'ai pour mes enfants, même si je m'y prends certainement mal avec eux.

Mais je refuse d'avoir à porter le poids de leurs erreurs ou de leurs errances.

Ça, c'est leur vie, ce n'est plus la mienne.

Ce qui au moins les libère du poids de tout jugement que je pourrais porter sur eux.

Ce qu'ils font de leur existence me touche, mais ne me regarde pas.

Bien sûr, je serai toujours à leurs côtés, mais j'essaie de ne faire des choses pour eux que s'ils me le demandent, s'ils en ont besoin.

Cela n'a rien d'une démission, c'est au contraire une façon de respecter leur liberté.

D'être père.

RESTER AVEC SES DOUTES

J'ai toute cette masse de films autour de moi, les bons, les mauvais. Tous les personnages que j'ai joués vivent en moi comme une famille de fantômes.

Les seuls qui restent vivants sont ceux qui posent des questions.

Quand on est jeune, on cherche souvent des réponses, mais plus le temps passe et plus j'aime les questions.

Les gens qui ont les réponses m'emmerdent.

Je préfère la prière, qui est une volonté de s'élever, aux réponses toutes faites du catéchisme.

Comment peut-on croire à la Vierge Marie, à l'archange, à la Résurrection ?

Je peux croire à une seule chose, à l'histoire d'Abel et de Caïn, parce que c'est toute la tragédie des hommes.

Mais pour le reste…

Je doute fort des miracles, comme l'écrit Spinoza.

Et les croyants qui ne font que croire aveuglément sans s'intéresser aux textes sacrés m'effraient tout autant que les fascistes.

Avec eux, on n'est jamais loin du fanatisme, de l'Inquisition ou de ces missionnaires qui évangélisaient au lieu d'éduquer.

Leur religion devient une idéologie.

Ils croient les yeux fermés.

Ils ont abdiqué leur humanité.

Ils ne peuvent plus rien mettre en doute, ce qui conduit directement à l'ignorance.

De tout temps, on a exploité leurs faiblesses.

Ce sont toujours eux les premières victimes d'une politique qui utilise la religion pour asseoir son pouvoir et entraver l'autre.

Combien c'est dangereux, et d'abord pour eux-mêmes.

Musulmans, juifs et chrétiens ont vécu, à partir du VIIe siècle, date d'apparition de l'islam, dans une harmonie extraordinaire durant quatre cents ans. À Bagdad, par exemple, ils cohabitaient sans heurts. Le pacte d'Umar, édicté par le calife, protégeait juifs et chrétiens. Les échanges entre religions étaient nombreux, l'activité culturelle exceptionnelle. Puis ces cons de croisés chrétiens ont foutu le bordel pendant trois cents ans. Ils ont dérangé l'ordre existant et massacré toute cette énergie tolérante et généreuse en convertissant de force, en suscitant ressentiment et envie de vengeance. Les fondamentalistes musulmans de cette époque, les Almohades, ancêtres de l'État islamique, ont pris le relais, puis ce fut l'Inquisition.

Combien de victimes de toutes ces certitudes, de cet aveuglement ?

Au nom de quoi justifier tous ces siècles de conneries ?

Pourquoi juifs et musulmans, qui hier arrivaient à vivre en paix sur le même territoire à Bagdad, se font-ils la guerre aujourd'hui entre Israël et Palestine ?

Leur religion n'a pourtant pas changé. Je ne pense pas non plus que les gens soient pires qu'il y a mille ans. Tout cela n'a bien sûr rien à voir avec la religion, mais avec la politique, une fois encore, cette politique qui encourage l'ignorance.

Ce n'est plus *aux innocents les mains pleines*, mais aux ignorants les mains pleines de bombes.

L'éternel retour de cette folie sans nom.

Ce qui m'intéresse dans la religion, moi, c'est tout ce qui va à l'encontre de cette politique.

À commencer par les questions qu'elle pose.

Chez des esprits comme Maïmonide ou Averroès, par exemple. Tous deux sont nés à Cordoue au début du XIIe siècle. Les communautés religieuses avaient retrouvé un équilibre, les heurts étaient rares, le calife célébrait avec faste la fête chrétienne de la Saint-Jean. Maïmonide était juif, Averroès musulman. Tous deux étaient à la fois des médecins et des hommes épris de spiritualité. Pour étudier l'œuvre de Dieu, ils devaient étudier le corps et l'esprit humain, tout autant que la nature et le cosmos. Et puisque Dieu était le créateur de toute chose, dresser des lignes entre l'humanité, la nature et le cosmos. Maïmonide, médecin personnel du sultan Saladin, pouvait sans aucun souci publier ses œuvres en terre d'Islam. Il était nourri de la pensée de Platon, à tel point que l'on disait de lui qu'il pensait en grec, priait en hébreu et écrivait en arabe. Averroès était, lui, considéré comme le plus grand philosophe aristotélicien de son temps. Dans ses écrits, il tentait de concilier le Coran, la philosophie grecque et l'exercice de la raison.

Il ne faut pas oublier que c'est le monde arabe et musulman qui, après le monde byzantin, a en grande partie accueilli et conservé ce savoir grec que l'Europe chrétienne rejetait alors au nom de la religion. Chez nous, les manuscrits d'Aristote étaient cachés au fond des monastères. Les grands penseurs, comme Ptolémée, furent d'abord traduits en arabe, avant de l'être bien plus tard en latin. Les questions que se posent Maïmonide et Averroès sur les rapports entre cet héritage grec, qu'ils ont contribué à diffuser, et leurs religions respectives sont passionnantes. On est loin du catéchisme d'Adam et Ève. Loin de la religion politique que l'on connaît aujourd'hui. Même si les Grecs font un retour inattendu avec notre président qui se prend pour Jupiter !

Ce que je trouve magnifique dans le Talmud et la religion juive, c'est la façon dont on répond toujours à une question par une autre question.

Quand on interroge un rabbin, il marque un silence, se peigne un peu la barbe avec la main en se demandant comment il va faire pour éviter la réponse et continuer le questionnement.

Puis il nous envoie sur un autre chemin.

Le Talmud évoque même l'oubli de la Torah, qui permet à l'être humain de ne jamais abandonner son étude !

C'est un mouvement qui favorise le savoir, ou au moins l'ouverture, vers l'intelligence et vers le soi.

L'indéterminé est grand, c'est l'inverse de l'immobilité.

Et rester avec ses doutes, c'est toujours ce qu'il y a de mieux.

UNE RESPIRATION PAISIBLE ET SILENCIEUSE

Je ne crois pas.

J'essaie de croire.

Les religions m'intéressent comme tout ce qui permet à la fois de regarder plus profondément en soi et de se hisser au-dessus de la masse nuageuse.

Comme tout ce qui permet de ressentir notre lien au cosmos, cet espace d'où nous pouvons nous élever.

Souvent, pour retrouver cet état d'esprit, il faut remonter loin en arrière.

Avant que les religions ne deviennent politiques, avant que les Romains ne deviennent chrétiens, avant le Golgotha, avant même Abraham.

Revenir à ces civilisations où l'homme n'était pas seulement cette machine à tuer le désir.

Je pense aux Indiens qui sont arrivés il y a plus de quinze mille ans en Amérique, et qui avaient une spiritualité en lien intime avec la nature. Les Anasazi, par exemple, dont les gravures primitives qui nous restent dans la région de Sedona ont tant inspiré Max Ernst. Pour eux, il n'y avait ni bien ni mal. On était simplement en équilibre ou non avec le cosmos. Leurs dessins représentent les cycles lunaires, les conjonctions astrales, les phénomènes célestes, les solstices et les équinoxes. Le monde était vu comme un organisme où tout est lié, où il faut apprendre à ne pas briser l'harmonie de la nature, mais au contraire vivre en accord avec elle pour ne pas causer de douleur à la vie.

Les chamans du Kazakhstan, eux, marchaient des jours et des jours jusqu'à trouver un lieu où ils pouvaient se sentir en paix avec ce qui les entourait.

Un lieu où leur espace intérieur résonnait avec l'espace extérieur.

Toute l'aventure de l'humanité part de là, c'est ce qui en fait la grandeur et la beauté.

Et c'est ce lieu sacré, en soi et hors de soi, que cette société est en train de mettre à mal.

Cette respiration paisible et silencieuse.

Qui est aussi le lieu de la grâce.

Einstein disait que Mozart ne faisait que traduire les notes qui venaient de l'espace, qu'il était bien incapable de comprendre cette beauté qui passait par lui, encore moins de l'expliquer.

Lorsqu'on médite dans le silence, il y a des choses qui nous viennent, qui sont de l'ordre de cette musique, de cette grâce.

Depuis que j'ai quitté le Berry, j'ai toujours pratiqué ces respirations silencieuses.

Je m'allonge, comme un tas de chair morte sur l'étal d'un boucher, et j'essaie de faire le vide en respirant tranquillement.

J'attends le silence, ce silence qui apporte une certaine paix, et qui me transporte ailleurs, à la fois profondément en moi et bien au-delà de moi.

Là, les blocages disparaissent, ces douleurs que l'on fait vivre au quotidien s'évacuent.

Là, le temps s'installe dans le corps, il n'y a plus que le présent et lui seul, et on peut trouver une sérénité qui se rapproche de la grâce.

Une distinction et une élévation.

Là où vivent les notes de Mozart.

Loin de Facebook.

COMPTER LES ÉTOILES

Aujourd'hui, on nous vend comme moyen ultime de connaissance et de communication l'Internet et toutes ces nouvelles technologies, qui sont pleines de fautes d'orthographe, pleines de fautes de réalité, pleines de fautes de vie.

Cette recherche de la connaissance est déjà à l'origine de toutes les religions. Et la motrice la plus importante de toutes nos communications, c'est ce que l'on appelle Dieu, que je préfère appeler le Très-Haut.

Chez les Maccabées, on dit : « Je est Dieu. »

Il n'y a besoin ni d'église, ni de mosquée, ni de synagogue pour communier avec cette beauté qu'est la nature, qu'est la planète.

Dieu, c'est ce que l'on en fait, c'est moi, c'est toi, c'est nous tous.

Avant même qu'elles ne soient dénaturées par la politique, les religions monothéistes avec leurs doctrines et leurs intérêts nous ont, je crois, fermé l'accès à quelque chose de beaucoup plus grand.

D'une certaine façon, elles nous ont fait perdre un sens.

Mais on peut aller au-delà de ces barrières.

Quand on est vivant, pas besoin de religion ni d'Internet : la connaissance et la communication, nous les avons en nous.

C'est ce dont parlaient les grands écrivains de science-fiction, comme Van Vogt.

Dans *La Faune de l'espace*, il invente une science, le nexialisme, qui est une synthèse des sagesses et des savoirs, au-delà de tout cloisonnement.

Nous, nous sommes loin d'être en synthèse, sinon nous parlerions toutes les langues, nous respirerions toutes les cultures.

Mais je pense qu'on peut, je crois qu'on peut s'en approcher.

Ce n'est même pas une sagesse, c'est presque un état naturel qu'il faut savoir retrouver au-delà de tout.

Un instinct.

Une émotion.

Ce n'est pas cet état de synthèse qui est dur et violent, c'est à l'inverse tout ce qui lui résiste, tout ce qui nous enferme depuis très longtemps.

Quand on réussit à se mettre face au Très-Haut, en méditant, par exemple, on est naturellement transporté vers cette chose. Il y a là une force qui nous fait franchir tous les cloisonnements, tous les compartiments. Là, l'oubli de soi permet de s'alléger et d'aller d'un monde à l'autre, d'une culture à l'autre, d'une personne à l'autre.

On se rapproche de son propre cosmos.

On est au-delà de toutes nos peurs.

On peut donner bien des noms à cette force ignorée qui nous élève, qui nous fait passer toutes les barrières.

On peut l'appeler l'aura.

J'ai depuis toujours un sens de la perception qui ne vient pas de ce que j'ai appris mais de cet indicible que je ressens chez les autres et chez moi, qui est là au moment présent.

C'est un espace silencieux où toutes mes peurs m'abandonnent.

Je suis souvent allé dans des régions où personne n'osait s'aventurer, dans des endroits que l'on me déconseillait, j'ai passé beaucoup d'obstacles, juste en regardant les gens avec un sourire.

Ce n'est pas du culot ni de l'inconscience, ce n'est même pas de la liberté, c'est juste un autre désir, un point particulier où le temps s'arrête, où la connaissance et la communication s'imposent naturellement, au-delà de tout ce qui nous brime.

Dans ces moments-là, il y a quelque chose qui émane de soi, qui est de l'ordre d'une certaine paix et qui l'emporte sur tout.

On devient réceptif à des tas de choses.

J'ai toujours fonctionné en ressentant cette aura chez les gens.

Certains disent que je suis un peu sorcier, mais non, c'est juste ma façon d'être et de connaître.

Quand, comme moi, on est seul sur la route à onze ans, on n'a pas d'autre choix que d'éveiller ce genre d'instinct, d'intuition, ce reniflement vital sur la personne que l'on trouve en face de soi.

Il faut développer son odorat, c'est la seule façon d'échapper à tous les cons qui ont envie de t'enfermer, voire pire.

C'est une question de survie.

Je regarde ceux qui sont devant moi et, au-delà des apparences, j'essaie de voir leur lumière.

C'est bien la seule vérité à laquelle j'aspire, la vérité des êtres, que je sens en général tout de suite.

Je vois beaucoup de choses, presque malgré moi, je ressens quand quelqu'un est beau ou quand quelqu'un est encombré.

Je sens si quelqu'un a de la bonté, ce qui ne l'empêche pas d'être parfois difficile, mais si la lumière est là, on peut tout espérer.

Certaines auras sont bousculées, violentes, ce sont des auras conquérantes, tueuses, d'autres à l'inverse sont douces, féminines, accueillantes.

On voit tout de suite la violence ou le danger de quelqu'un, ou bien on ressent sa paix, son illumination.

C'est une sensation vraie, une vibration, un courant qui va au-delà de tous les mots.

C'est cette force que l'on sent quand on lit le récit des grands hommes.

Picasso, par exemple, était évidemment un être à part. Non pas par ses paroles, mais par sa présence, son regard, cette aura qui émanait de lui.

Il y avait cette chose aussi chez les prophètes.

Abraham, qui se tourne vers la voûte céleste et qui ensuite dit : « Dieu m'a dit de regarder vers les cieux et de compter les étoiles… » On peut enlever Dieu, quelqu'un qui s'allonge sous le ciel pour compter les étoiles, c'est déjà un prophète !

MÊME SI L'ON N'A PAS APPRIS, ON PEUT SAVOIR

Quand je vais au-delà de ce qui m'encombre, que j'arrive à cet état où seuls la vie, l'instinct, le désir comptent, j'ai l'impression de comprendre toutes les langues.

Si je passe une journée en Chine avec un guide, je sens ce qu'il veut me dire avant même le premier mot. Je regarde dans la bonne direction, avant même qu'il ne me la montre.

Tout le monde peut éprouver ça, il faut juste ne pas avoir peur de regarder dans la direction que l'on sent.

Être convaincu que, même si l'on n'a pas appris, on peut savoir.

Ressentir.

Tout est là.

Ce n'est même pas une confiance en soi, c'est une liberté par rapport à toutes nos peurs et les cloisons qu'elles construisent.

C'est un lien véritable avec la vie, avec ce que la terre donne, ce que le soleil nourrit.

Quand on s'abandonne ainsi, on n'a plus aucun de nos repères habituels, on est dans les seules mains de cette force de vie. C'est un peu comme quand on est dans le ventre de sa mère, on ne peut pas s'en échapper, on est nourri par son sang, on vit ses émotions, on ne fait qu'un avec elle.

On ressent tout sans rien expliquer.

À sept ans, j'ai mis ma sœur Catherine au monde.

C'est une image dont je ne me débarrasserai jamais.

Lorsque j'ai coupé le cordon, lorsque je lui ai donné dans le dos la tape qui libère le souffle. Ce moment où les poumons se décollent comme un ballon qui se gonfle pour la première fois.

J'ai vu combien un bébé était parfait, ces joues, ces mains, ces jambes, ces pieds, la rencontre avec cette beauté a été un véritable choc.

Cette force de vie qu'une femme peut porter en elle, la grandeur de cette création, ce n'est vraiment que de l'amour, de l'amour pur.

Après, il y a le boulot des prophètes qui est de dire que Dieu a fait l'homme à son image, que cet amour et cette beauté nous viennent d'une force supérieure.

Oui, c'est une force supérieure, mais elle émane de l'homme.

Elle est en nous.

Comme l'a écrit saint Augustin : « Bien tard je t'ai aimé, je te cherchais en dehors de moi et c'est en moi que tu étais. »

ÉTREINTES

Maintenant ?

Voyager sans portable, sans valise, sans rien.

Aller à la rencontre.

Avec des gens que j'aime ou tout seul, ça ne me dérange pas.

Mais c'est vrai que c'est aussi bien avec deux ou trois copains ou copines, ça permet un peu d'étreinte, sans pour autant faire la bête, des étreintes d'intelligence et de complicité.

Partager nos bêtises.

Que quelqu'un me fasse gentiment remarquer que je suis, une fois de plus, en train de dire ou de faire une connerie énorme et que je puisse le remercier de sa vigilance.

C'est suffisant.

LA VIE PAISIBLE

Je viens de quitter les bras de la Volga, la ville de Saratov, qui me fait penser à l'Italie de *La Dolce Vita*, avec ces scooters et ces gens qui savent prendre leur temps.

Je suis passé dans des campagnes où j'ai rencontré de vieilles dames russes charmantes, qui sont joliment nostalgiques de l'époque du communisme, de sa fraternité, même si elles vivent dans des villages où le communisme ne s'est jamais vraiment installé.

Elles chantent encore le soir ensemble, dans leur costume traditionnel. C'est extraordinaire de voir leur petite langue qui remue dans leur bouche sans dents.

Elles sont heureuses.

Je suis arrivé dans la région de Saransk.

Le pays de la pêche aux goujons dans les rivières, de la traite des vaches, des pots au lait. Ce lait qui colle encore aux poutres des datchas, où l'on sent l'odeur de la soupe au pain.

Là où je suis, il y a l'étable à côté de la maison, avec une vache, trois chèvres, un porc.

Les laiteries ici ne ressemblent pas aux nôtres, elles n'ont pas l'air d'usines atomiques, on ne risque pas d'attraper les microbes de Bruxelles.

Les gens font encore leur yaourt et leur fromage blanc chez eux.

Et des réserves d'eau dans l'étable, avant les premières gelées.

Ils vivent de ce qu'ils cultivent.

Les familles ne sont pas dispersées, les frères, les sœurs et les cousins habitent à quelques kilomètres les uns des autres.

Il y a de petites épiceries.

C'est à taille humaine.

C'est la vie paisible.

Les traditions ne se perdent pas.

Il y a encore l'envie.

Il y a une lumière dans les regards qui ne devrait pas nous surprendre, mais à laquelle nous ne sommes plus habitués.

Les problèmes et les peurs des gens sont les leurs ou ceux de leurs voisins, pas ceux des médias.

Il n'y a pas d'ordinateur ici, pas d'Internet, même pas de télé ni de journal.

Les gens ne portent pas sur les épaules toutes les misères du monde.

Leurs sourires et leurs larmes n'appartiennent qu'à eux.

J'y retrouve une culture qui a existé ici, mais qui n'existe plus.

Une nature aussi qui n'existe plus ici.

Les rivières sont encore peuplées de nénuphars.

Je m'y sens bien.

Et il n'y a aucune nostalgie là-dedans, puisque ce n'est pas le passé, mais le présent.

Ce n'est pas un voyage dans le temps, mais dans l'espace.

De quoi reprendre espoir.

À seulement quelques heures d'avion.

AILLEURS

Je ne me laisse saisir ni par la douleur ni par la mort.

À mon âge, et dans mon état, si je m'écoutais, je serais tout le temps à l'hôpital.

Non pas que ma santé soit mauvaise, mais je sens quand même le temps qui passe, avec mes douleurs au genou, mes pontages, mes respirations plus courtes.

J'ai des angoisses qui arrivent d'un coup, sans que je sache vraiment d'où elles viennent.

Quand on est plus jeune, on peut toujours essayer de courir plus vite que l'angoisse qui se pointe.

En vieillissant, c'est plus difficile.

Mais je me suis toujours méfié de mes peurs.

Peut-être parce que les peurs ont l'évidence des fausses réponses et qu'elles mettent fin à toutes les questions.

Elles nous conduisent toujours là où justement on ne veut pas aller.

Quand on a peur d'un obstacle, on finit toujours par se le prendre dans la gueule.

Aujourd'hui, mes angoisses, je les respecte, je les écoute, j'essaie de leur parler, de respirer avec, de les apprivoiser doucement.

J'en suis même à aimer ces moments où je sens que mon corps devient vulnérable au temps.

Ça ne me fait pas peur, parce que mon esprit est ailleurs.

Lui ne ressent aucune douleur.

Il la regarde, cette masse de chair qui se dégrade, il la fait profiter de sa force.

Quand il ne pourra plus la soutenir, il s'en ira.

Ailleurs.

La mort ne me soucie pas.

Pour moi, ce n'est pas un point d'interrogation, c'est un joli point d'exclamation sur le vécu.

Le jour où je commencerai à être fatigué de la vie, c'est que je serai proche du sapin.

J'aurai fait mon temps.

Je pense qu'on décide toujours soi-même de mourir.

Quand on meurt, on a déjà quitté la vie.

Souvent, avant de partir, les gens sont exténués.

On sent qu'ils n'en peuvent plus.

Ils n'avancent plus.

D'une certaine façon, ils ne sont déjà plus là.

Il ne faut pas être désolé quand quelqu'un que l'on aime meurt.

Il ne disparaît jamais puisqu'il est toujours présent en nous.

On le porte et il nous porte.

Bien sûr, on commence par le pleurer, on éprouve un vide, une absence, mais peu à peu cette absence entre en nous, elle nous remplit.

On ne peut pas arrêter la vie ni le souvenir d'une vie généreuse.

Cela n'aurait rien d'effrayant si cette société ne dramatisait pas la mort à ce point.

Comme pour tout, on ajoute de la peur à la peur.

On nous fait paniquer devant la mort, au lieu de nous y préparer.

Avant, on mourait plus paisiblement.

En Inde, les morts sourient parce qu'ils savent qu'ils sont de passage.

Il suffit de voir ce très beau film, *La Ballade de Narayama*, l'histoire d'une vieille femme dans un village japonais, qui consacre sa dernière année à mettre de l'ordre dans ses affaires, avant d'entreprendre seule son dernier voyage au sommet d'une montagne, où se rassemblent les âmes des morts.

Il n'y a rien de triste dans cette histoire.

La mort est chose normale, sage.

Elle respecte le cycle de la nature.

Aujourd'hui, les gens ont bien trop peur d'aller dans la montagne, ils ont trop peur d'être seuls et de finir seuls.

C'est pourtant toujours le cas.

Et il faut s'y préparer.

Bonne nuit.

Table

Vivre 7
Un cœur qui bat 8
Une page blanche 9
Ça parle trop 11
Le secret 14
Les silences 16
Ce n'est pas une idée, c'est du vécu 18
D'une branche à l'autre 21
Le Dédé 23
Les paroles d'une langue inconnue 24
Je ne vais pas aller chercher le client 29
Ce qui nous échappe 32
Plus d'Indiens 34
Undercover 37
Les idées des autres 40
On cache des choses 43

Monstres 46
Toute l'horreur et la beauté du monde 48
L'Italie 51
Vivants 52
Bernardo 55
Marco 57
Marcher à reculons 62
Continuer à voyager 64
Être avec, comme on est 67
Quand rien n'est sûr 71
François 73
Avec 75
Un joli courage 77
Mes saisons 78
Dire « je t'aime » 81
À vif 84
Un malentendu profond 85
Va manger tranquille après ça ! 88
Combien de tweets ? 91
Les bras ballants 93
Courir loin 96
Les raisons d'être 104
Stefan Zweig 105
À la bougie 107
On mange des grenouilles 110
L'ombre et la lumière 114

Une aventure imprécise 117
Quand l'aiguille s'affole 120
Beaucoup de sourires et d'émerveillements 122
La loi du plus fort 125
Qu'ils vivent, au moins ! 129
Une confiance qui s'entête 132
Rester avec ses doutes 135
Une respiration paisible et silencieuse 139
Compter les étoiles 142
Même si l'on n'a pas appris, on peut savoir 146
Étreintes 148
La vie paisible 149
Ailleurs 152

DU MÊME AUTEUR :

Innocent, le cherche midi, 2015.

Ça s'est fait comme ça, XO Éditions, 2014.

Lettres volées, éditions JC Lattès, 1988.

PAPIER À BASE DE
FIBRES CERTIFIÉES

Le Livre de Poche s'engage pour
l'environnement en réduisant
l'empreinte carbone de ses livres.
Celle de cet exemplaire est de :
250 g éq. CO_2
Rendez-vous sur
www.livredepoche-durable.fr

Composition réalisée par Lumina Datamatics, Inc.

Achevé d'imprimer en mars 2019 en Espagne par
LIBERDÚPLEX
Dépôt légal 1re publication : avril 2019
LIBRAIRIE GÉNÉRALE FRANÇAISE
21, rue du Montparnasse – 75298 Paris Cedex 06

20/7853/0